은혜에 꽉 잡힌 인생

KB192804

일러두기

본문의 성경은 《성경전서 개역개정판》(대한성서공회)을 주로 사용하였습니다.

GRACE

우리의 인생을

자유함으로 이끄는

하나님의 은혜

은혜에
꽉
잡힌
인생

박명배 지음

국제제자훈련원

추천하는 글

제자의 길은 자아실현이 아니라 자기부인에서 시작됩니다. 자기부인이란, 죄인일 수밖에 없는 우리의 죄 된 본성을 깨닫는 것입니다. 이것을 깨달을 때 우리는 아무 희망이 없는 죄인을 구원하신 그리스도께로 나아갑니다. 그때 우리는 말씀을 통해 영혼의 깨어짐을 경험하고, 그로 인해 예수님을 닮아가는 온전한 제자가 되는 길로 나아갈 수 있습니다. 그뿐만 아닙니다. 그 길을 걸을 때, 우리를 묶고 있던 죄의 사슬에서 벗어나 주님을 통한 진정한 자유를 누리며 살게 됩니다. 이는 말로 표현할 수 없는 주님의 은혜와 사랑이 아닐 수 없습니다.

박명배 목사님은 그 놀라운 하나님의 사랑을 《은혜에 꽉 잡힌 인생》을 통해 탁월하게 보여줍니다. 오직 하나님께서 부어 주시는 은혜의 만조로 우리의 삶이 압도되도록, 그 안에서 순도 높은 찬양의 고백이 끊이지 않도록 우리를 인도합니다.

하나님의 깊은 은혜를 경험하며 그 은혜로 살기를 원하는 모든 독자께 기쁜 마음으로 이 책을 권합니다.

오정현 | 사랑의교회 담임목사

여러 해 동안 본서의 저자이신 박명배 목사님과 영적 동지애를 누리고 있는 저로서는 《은혜에 꽉 잡힌 인생》의 출간을 기쁨으로 축하하며 추천합니다.

제가 아는 박명배 목사님은 틀에 매이지 않은 자유로운 영혼의 소유자이십니다. 그리고 그 자유로움의 원천은 목사님의 고백대로 예수님의 십자가 사랑입니다.

목사님이 경험하셨던 우리 구주 예수 그리스도와 복음의 은혜가 목사님을 사로잡았던 것처럼, 본서를 손에 든 독자마다 자유함으로 이끄시는 주님의 은혜를 충만히 경험할 줄 확신합니다. 우리 주님께서 박명배 목사님에게 복 주신 것처럼 모든 독자께도 주님의 은혜가 가득 넘치시기를 기원합니다.

오정호 | 새로남교회 담임목사

이 책은 율법과 은혜의 긴장 선상에 있는 신자에게 어디로 가야 하는지를 가리키는 이정표와 같은 메시지라고 생각합니다. 자력으로 율법을 지킬 수 없기에 십자가 사랑에 매여 그 사랑으로 '은혜의 바다'에 들어가서 은혜를 통해 마음껏 자유를 누리는 신자의 삶에 관하여, 박명배 목사님은 예리한 통찰력과 영적 안목으로 풀어냈습니다.

박명배 목사님이 오랫동안 이 문제를 고민하고 목회 현장에서 체득한 것이기에 공감을 줍니다. 목사님의 메시지 안에는 은혜와 자유가 녹아 있습니다.

이권희 | 신일교회 담임목사

교회는 왜 신앙의 연수가 더해갈수록 예수님이 아닌 바리새인을 닮아갈까요? 복음을 말하고 가르치지만, 왜 복음으로 형성되지 않고 점점 종교화되고 제도화되어 갈까요? 온유하신 주님의 모습은 간데없이 왜 서로를 판단하고 정죄하며 상처를 줄까요?

박명배 목사님은 우리가 복음에서 떠나, 율법을 자랑하고 자기 행위를 의지하기 때문이라고 말합니다. 그러나 우리는 율법을 지킬 수 없는 존재이고, 오직 은혜로만 살 수 있음을 명확하게 선포합니다. 이 책은 우리로 율법 아래 억눌린 종교 생활에서 벗어나 복음 안에서 진정한 자유와 기쁨을 경험하는 길로 안내합니다.

평소 복음의 자유 아래서 사랑으로 섬기는 박명배 목사님의 모습은 진정한 은혜의 힘이 무엇인지를 보여줍니다. 그 삶이 녹아든 귀한 책을 기쁨으로 추천합니다.

이인호 | 더사랑의교회 담임목사

'신앙의 실제'가 손에 담기기를 원하는 분들께 이런 말로 이 책을 추천합니다.

어떤 것은 돌발적인 행동이라고 말할 수도 있겠지만 돌발적인 행동에도 지금까지 살아온 모든 세월과 추구가 담긴다고 말할 수 있다면, 하물며 결코 돌발적일 수 없는 '말씀 묵상과 설교'라면 더 말할 것이 없을 겁니다. 거기에서 우리는 박명배 목사님의 냄새를 맡고 목사님의 존재를 채우고 있는 추구의 일면들을 발견하게 됩니다.

저는 박명배 목사님을 알아 온 40여 년의 시간을 통해, 그리고 쌓여가는 목사님의 인생과 목양의 열매들을 통해 이렇게 말할 수 있습니다. 신앙과 은혜의 이야기들은 자칫 신학자들을 통해 지나치게 관념적인 학습적 과제로, 혹은 목회자들을 통해 지나치게 엄격한 도덕적인 훈계들로, 혹은 막연하게 남발되는 무책임한 약속들로 허공에 머물곤 하지만, 이 책은 하나님과 은혜의 관계와 그 관계를 붙들고 있는 믿음이 우리의 일상에서 현실적인 '실제'라는 것을 매우 지혜롭게 가르쳐줍니다.

목사님이 추상과 허공에 머물지 않는 믿음으로, 하나님의 모든 이야기가 신자들의 손과 발에 담기는 방식의 목양을 추구해 왔기 때문인 것이 분명합니다.

정갑신 | 예수향남교회 담임목사

은혜에 꽉 잡힌 인생

설교를 준비하기 위해 설교자는 자기 나름의 루틴을 가지고 살아갑니다. 주일 설교를 준비하는 동안은 언제나 그 자리에 있습니다. 그리고 그곳에서 기도하고 말씀을 묵상할 때마다 하나님이 주시는 은혜가 있습니다. 언제나 새로운 은혜로 찾아오시는 하나님을 만나게 됩니다. 새로운 은혜를 찾으려고 집중하지 않아도 되는 것은 하나님이 새로운 은혜로 찾아오시기 때문입니다. 항상 처음 만나는 은혜를 경험합니다.

지금까지 살아온 모든 것이 은혜입니다. 수많은 위기가 있었고, 실망이 있었고, 자괴적 아픔이 있었지만 여기까지 달려온 것은 하나님의 은혜 때문입니다. 불법의 사함을 받은 자의 행복이 무엇인지 잘 압니다. 다윗의 행복이기도 하지만 우리의 행복이기도 합니다. 십자가는 이 모든 것을 가능하게 합니다. 그래서 항상 하나님의 은혜에 대하여 설교하려고 집중합니다.

저는 목사이고 제자입니다. 선비가 아닙니다. 그렇기에 평생
을 두고 자랑하며 살아야 하는 것이 하나님의 은혜입니다. 국회
의원은 국회의원으로서 독립된 헌법기관이라고 생각합니다. 검
사는 검사로서 독립된 국가라고 생각합니다. 마찬가지로 목사는
목사로서 독립된 하나님 나라입니다. 독립된 영혼으로 하나님 나
라를 지킵니다.

누군가가 저를 부를 때 은재(恩在)라고 합니다. 이는 옆에서 보
면 하나님의 은혜가 있다는 뜻입니다. 저는 그 은혜가 전에도 있
었고, 현재도 있고, 앞으로도 있을 것이라고 확신합니다. 아내가
그 은혜를 지켜보며 행복을 고백해서 정말 감사합니다.
　평생을 은혜 있는 삶의 자리를 지켰습니다. 못난 나무처럼 보
일 때도 있었지만 그날을 견딜 수 있었던 것은 하나님의 긍휼하
심이 있었기 때문입니다.
　인생을 살아가는 동안 어디에 사로잡히느냐에 따라 전혀 다른
삶의 현장이 될 수도 있습니다. 아무도 흔들 수 없는 구원이 은혜
에 꽉 잡힌 인생을 만들어 갑니다.

은재(恩在) 박명배 목사

차례

끝까지,

충성된,

불변한

1장

___

신실하심

은혜 미리보기

나무를 준비하시는 하나님은 어떠한 상황에서도
우리를 사랑하시고 준비시키시고 허락하시는 분

어떠한 환경 속에서도 두려워 말라고,
스스로 굳세게 하라고 말씀하시는 하나님의 사랑

하나님은 그 누구도 보잘것없다고 말씀하시지 않는다

나뭇값을 따져 묻기 전에 나무를 보존하셔야만 했던
하나님의 심정

어떤 순간에도 하나님의 말씀에 귀를 기울일 때
우리를 위해 일하시는 전능하신 하나님

01

보잘것없이 보일 때

학개 2장 3-5절

서리가 내리는 시기를 뜻하는 '상강'이라는 절기가 되면 은행 나뭇잎이 노랗게 물듭니다. 그 노란색 은행나무가 아파트 울타리를 가득 채우면 가을이 지나가고 있음을 알게 됩니다. 때로는 떨어지는 은행나무 열매의 냄새가 걱정이기도 하지만, 물들어야 할 단풍이 늦어지면 그것 또한 마음에 짐이 되기도 합니다.

유치원 통학 버스가 모두 노란색인 것은 노란색이 칭찬을 의미하기 때문입니다. 어린아이로 살아가는 것이 행복인 것은 무엇을 해도 칭찬을 받을 수 있기에 그렇습니다. "엄마"라는 한마디를 했는데 말을 잘한다고 칭찬합니다. 기어다니다가 일어서서 한 발짝 뗐는데 온 집안이 난리가 납니다. 일어섰다고, 걸었다고, 자기에게로 걸어왔다고 난리가 나는 세상이 어린이 세상이기도 합니다.

우리에게도 밥만 잘 먹어도 칭찬받으며 살던 때가 있습니다. 노래라도 한 곡 부르면 온 동네에 칭찬이 메마르지 않았던 때도 있습니다. 그런데 살다 보니 이제는 칭찬 한마디 듣기가 너무 힘든 세상을 살아갑니다. 우리가 걷는 것은 더 이상 칭찬이 되지 않습니다. 어떤 때는 똑바로 걷는 것조차 힘들어도 그것이 비난의 대상이 되지 않을까 걱정이 밀려오기도 합니다.

여기서는 학개서를 통하여 가을 단풍보다 더 진한 칭찬과 격려로 찾아오시는 하나님의 은혜를 추적해 봅시다.

하나님의 말씀에 집중하다

"너희 가운데에 남아 있는 자 중에서 이 성전의 이전 영광을 본 자가 누구냐 이제 이것이 너희에게 어떻게 보이느냐 이것이 너희 눈에 보잘것없지 아니하냐"(학 2:3).

본문을 이해하기 위해서는 어떤 배경에서 이런 언어가 등장하게 되었는지 먼저 살펴보아야 합니다. 이 당시 이스라엘 백성들은 바벨론에 포로로 끌려갔습니다. 그런데 이것은 하나님이 원하시는 것이었습니다. 70년 동안 바벨론에 포로로 끌려갔다가 거기서도 함께하시는 하나님을 만나게 될 것이라는 게 하나님의 약속이었습니다.

그렇게 하나님의 백성들은 가나안 땅에서 태어나 지금껏 예루살렘 성전 외에 본 적 없던 세상을 경험하게 됩니다. 하나님은 자기 백성들에게 그분 자신이 '이스라엘 땅 안에만 계신 하나님이 아니라 온 세상을 다스리는 전능하신 분'임을 증명하고 싶으셨습니다. 그러나 그것이 자기 백성들에게는 고난이 되기도 했습니다.

바벨론을 통치하시는 하나님을 증명하셔야 하는데 아무것도 아닌 바벨론을 가지고 하나님의 전능하심을 증명하는 것은 생각보다 쉽지 않았습니다. 바벨론이 무능하고 아무것도 아니면 바벨론을 다스리는 것 자체가 의미가 없었습니다. 그렇기에 바벨론이 강자가 되는 것이 먼저였습니다. 그들이 강하게 보이도록 하는 것입니다. 하나님은 가나안 땅에만 머물러 있는 신이 아니라 온 우주 만물을 다스리는 전능하신 하나님이라는 것을 증명하기 위해, 먼저 부르심을 받은 백성들을 동원하셨습니다.

하나님의 약속은 분명했습니다. 이스라엘 백성들은 주전 586년에 바벨론으로 끌려가서 70년 동안 그곳에 있다가 다시 돌아와 성전을 재건하고, 온 우주 만물을 다스리고 통치하시는 하나님을 증명해야 하는 자리에 부르심을 받았습니다. 결국은 그렇게 될 것이라고 이사야 선지자가 선언했습니다. 예레미야 선지자도 동의했습니다. 수많은 선지자가 이스라엘 백성들이 70년 뒤에 돌아오게 될 것이라고 했습니다.

실제로 이스라엘 백성들은 바벨론에 포로로 끌려갔다가 주전 536년에 1차로 돌아오게 됩니다. 그때 포로로 끌려갔던 사람 중 노래하는 사람 200명과 7,000여 명의 사람들을 제외한 42,360명이 돌아옵니다. 에스라 2장 64절이 "온 회중의 합계가 사만 이천삼백육십 명이요"라고 말씀합니다. 하나님께서는 이런 사실을 정확하게 하고 싶은 마음이 있으셨던 것 같습니다.

그들은 돌아오는 길에 하나님의 성전을 사모했고, 돌아오자마자 성전을 건축하길 원했습니다. 무너진 성전을 바라보는 것이 큰 고통이기도 했습니다. 무너진 성전은 그들에게 수치스러운 것이었기 때문입니다. 그러나 하나님은 한 번도 그것을 보시며 수치스럽다고 하신 적이 없습니다. 그들 스스로 수치스럽게 여기며 살았습니다.

하나님은 오히려 불의한 일들로 숫양의 기름 타는 냄새가 가득한 성전이 무너진 것을 보시며, 하나님의 공의가 실현된 것이라고 하셨습니다. 또 언젠가 그 모든 것을 회복하실 하나님의 은혜에 대하여 사모하라고 하셨습니다. 하나님은 그분 자신이 원하시는 것을 그분의 때가 되면 다 성취하시는 분입니다. 우리도 그분을 신뢰해야 합니다.

이스라엘 백성들이 돌아와 성전을 재건하는 것은 그들의 사명이었습니다. 그래서 사람들은 모여서 하루라도 빨리 성전을 다시 세우기를 원했습니다. 고난을 경험하고 난 후였기에 어떤 사람들의 마음은 조급하기도 했습니다. 물론 무너졌기에 하루라도 빨리 세우기를 원하는 마음은 복된 마음이기도 합니다. 그런데 문제는 현실적으로 방해하는 것이 너무 많았습니다.

실제로 사마리아인들의 방해로 성전 건축이 16년 동안이나 연장되었습니다. 사마리아 사람들은 그들의 동네에 성전을 건축하기를 원했습니다. 예루살렘에 성전이 건축되면 자기들이 영원히 소외될 것을 두려워했기 때문입니다. 그 두려움의 방해가 16년 동안 계속되었는데 드디어 하나님이 학개에게 찾아오셔서 성전을 재건하라고 하신 것이 520년 6월 1일이고, 성전 건축을 시작한 것이 6월 23일, 그리고 본문은 7월 21일입니다.

날짜가 중요한 이유는 그날들에 숨겨진 비밀이 있기 때문입니다. 오랜 세월이 지났음에도 성경은 이 날짜를 통해 말씀하고 싶은 것이 있었습니다. 7월 21일은 초막절 절기의 마지막 날입니다. 7월 15일부터 7일 동안 첫 번째 추수에 감사하여 하나님을 예배하고, 무엇보다 마지막 날에 솔로몬이 그날에 성전 봉헌한 것을 기억하며 성전에 모여서 솔로몬의 영광을 찬양하는 날이기도 했습니다. 그래서 그날에 이스라엘 백성 중 누군가가 "솔로몬의 성전에 비교하면 우리의 성전이 너무 보잘것없지 않느냐"라고 이야기한 것입니다.

정확한 말이었고, 현실적인 언어이기도 했습니다. 또 포로 생활 후 돌아와서 16년 동안 방황한 것도 사실입니다. 돌아왔지만 나라를 바로 세우는 일은 생각보다 쉽지 않았습니다. 사마리아인들의 방해를 해결하는 것도 어려웠습니다. 문제가 한둘이 아니었습니다.

그들은 어떻게든 해서 겨우 성전을 지었습니다. 그런데 이것이 너무 초라하게 보입니다. 우리가 나름대로 열심히 살았는데, 공부한다고 했는데, 인생을 열심히 산다고 살았는데, 어느 날 문득 돌아보니 초라하게 보이는 것과 같습니다. 초라하게 보이는 것이 아니라 초라

한 것이 현실입니다. 이럴 때 우리는 어떻게 해야 할까요?

그렇습니다. 열심히 산다고 살았는데 누군가가 나타나서 솔로몬 성전에 비교하며 우리의 삶을 초라하게 만들 때, 인생을 열심히 살아서 겨우 집이라도 하나 마련하고 살만한가 싶은데 돌연 누군가가 나타나 "빌 게이츠와 동갑 아니세요?"라고 하는 의문의 1패를 던질 때, 누군가와 비교될 때, 초라하게 보일 때, 보잘것없는 것처럼 느껴질 때, 그때 우리가 집중하며 살아야 하는 것은 바로 하나님의 말씀입니다.

스스로 굳세게 하다

"그러나 여호와가 이르노라 스룹바벨아 스스로 굳세게 할지어다 여호사닥의 아들 대제사장 여호수아야 스스로 굳세게 할지어다 여호와의 말이니라 이 땅 모든 백성아 스스로 굳세게 하여 일할지어다 내가 너희와 함께 하노라 만군의 여호와의 말이니라"(학 2:4).

하나님의 백성들이 보잘것없는 것처럼 보이는 결과를 들고 그분 앞에 섰을 때, 하나님이 하신 말씀은 분명했습니다. "스스로 굳세게 할지어다." 대제사장에게, 스룹바벨에게, 모든 백성에게 스스로 굳세게 하라고 하신 것이 하나님의 메시지였습니다.

우리도 스스로 보잘것없는 것처럼 보일 때 하나님의 말씀에 귀를 기울일 수 있기를 바랍니다. 그분은 자기 백성들을 위하여 일하시는

은혜에 꽉 잡힌 인생

전능하신 하나님입니다. 그분 자신이 약속하신 모든 것을 정한 날에 완성하시는 하나님입니다. 그러므로 우리는 하나님의 완성을 신뢰하며 살아야 합니다.

우리에게는 겨우 걸음마를 시작하는 시간도, 겨우 뒤집기를 하는 시간도 필요합니다. 금방 뛰어다니고 산을 오르고 들판을 가로지르는 것이 아닙니다. 그래서 주눅 들어 있는 자기 백성들에게 찾아오신 하나님이 하신 말씀은 스스로 굳세게 하라는 것입니다. 기죽지 말라는 것이고, 너무 힘들어하지 말라는 것이고, 모든 것은 하나님이 책임지신다는 선언이었습니다.

우리 주변에는 항상 정직한 사람들이 있습니다. 얼마나 정직한지 모르겠습니다. "현실을 인정하세요!" "그렇습니다, 불경기가 맞습니다." "공부가 잘 안되는 게 맞습니다." "지금까지 별반 해놓은 게 없는 것이 맞습니다." 그의 정직에 의하면 모든 것이 사실입니다.

마찬가지입니다. 바벨론에 포로로 끌려간 것도 맞고, 포로로 끌려갔다가 생각보다 빨리 돌아온 것도 맞습니다. 70년이라고 했는데 586년에 끌려갔다가 536년에 돌아왔으니 50년 만에 돌아온 것도 맞습니다. 돌아오자마자 정신 바짝 차리고 성전을 재건하고 보란 듯이 번듯하게 살아야 하는데, 거기서 또 16년을 허비한 것도 사실입니다. 막상 성전을 건축해 놓고 솔로몬의 성전에 비교하자니 초라한 것도 사실입니다.

그러나 여기서 중요한 것은 '하나님이 그들에게 무엇을 말씀하고 계시냐' 하는 것입니다. 학개 1장 8절로 돌아가 보겠습니다. "너희는 산에 올라가서 나무를 가져다가 성전을 건축하라 그리하면 내가 그 것으로 말미암아 기뻐하고 또 영광을 얻으리라 여호와가 말하였느 니라." 우리는 항상 하나님이 무엇을 말씀하시는지 아는 것이 중요합 니다. 하나님은 그들에게 산에 올라가서 나무를 가져다가 성전을 건 축하라고 하십니다. 이것이 하나님의 말씀이었습니다.

하나님은 언제나 자기 백성들과 함께하셨습니다. 바벨론에 포로로 끌려갔다가 돌아오는 길에 그들이 살아가고 있는 삶의 척박함을 이 해하시고 받아주시는 하나님은, 자기 백성들에게 금과 은을 요구하 신 적이 없었습니다.

하나님은 어느 곳에서든 함께하신다

"너희가 애굽에서 나올 때에 내가 너희와 언약한 말과 나의 영이 계속하여 너희 가운데에 머물러 있나니 너희는 두려워하지 말지어 다"(학 2:5).

하나님은 산에 올라가서 나무를 가져다가 성전을 건축하라고 하셨 습니다. 그러자 그들이 산에 올라가 하나님이 만드시고 키우신 나무 를 잘라 성전을 만들었습니다. 그것은 금과 은으로 만든 솔로몬의 성 전과 족히 비교할 수 없는 하나님의 영광이었습니다.

하나님은 자기 백성들에게 무엇인가 말씀하시고 그들이 그 말씀대로 살아가는 것을 인하여 영광을 받으시는 분입니다. "나무를 가지고 성전을 지어라." 그것은 초라한 것이 아니었습니다. 보잘것없는 것이 아니었습니다. 하나님의 말씀대로 살아가는 최고의 영광이었습니다. 이처럼 우리도 하나님이 부르신 그곳에서 하나님의 영광을 경험하게 되기를 소망합니다.

나무로 성전을 짓는 것이 하나님의 영광이었습니다. 이스라엘 백성들이 바벨론에 포로로 끌려가 있는 동안 산림이 보호된 것은 하나님의 은혜였습니다. 성전의 금은보화는 바벨론이 약탈해 갔지만, 그런 세상에서 뒷산의 나무를 보호하시고 돌들을 지키시고 그것으로 자기 영광을 삼겠다고 하나님이 선언하셨습니다.

하나님이 출애굽하는 자기 백성들에게 약속하신 것은 그들과 함께하겠다는 것이었습니다. "내가 이스라엘 자손 중에 거하여 그들의 하나님이 되리니"(출 29:45). 그들 중에 함께하시는 것이 하나님의 소원이었습니다. 하나님은 금으로 지은 곳에 있겠다, 은으로 도배된 곳에서 함께할 것이라고 말씀하신 적이 없습니다. 금이 되었든지 은이 되었든지, 하나님은 우리와 함께하시는 분입니다.

보잘것없이 보이는 것을 눈앞에 두고 절망하고 있는 백성들에게 하나님이 하신 말씀은, "두려워하지 말라 내가 너희와 항상 함께 있겠다"라는 선언입니다. 누가 하나님을 금은보화 속에만 있는 분이라고 거짓말 했을까요? 그렇다고 해서 하나님이 솔로몬이 만든 보화 속에 있지 않겠다고 하신 것도 아닙니다.

솔로몬은 무역하는 왕이었습니다. 그가 스페인까지 무역하고 교역을 통하여 만든 넉넉함으로 성전을 지을 때, 하나님은 그곳에서도 함께하셨습니다. 그러나 그곳에만 계신 것은 아니었습니다. 그곳에도 계시고 이곳에도 계신 분이 하나님이셨습니다. 자기 백성들이 어디에 있든지 그곳에 함께하겠다고 하신 것이 하나님의 약속입니다.

스룹바벨의 성전은 나무로 만들었지만 하나님이 516년에 완성되게 하셔서 포로 70년의 약속을 완성하셨고, 돌과 나무로 지은 그 집에서 500년을 함께하셨습니다. 솔로몬의 성전보다 더 오랜 시간 그곳에 계셨습니다. 그러므로 삶이 초라하게 보이는 그 자리는 보잘것없는 자리가 아닙니다. 슬픔과 초라함, 부끄러움으로 보잘것없는 것 같은 그곳에서도 하나님과 동행하는 믿음의 삶이 되기를 축복합니다.

은혜에 꽉 잡힌 인생

묵상하고 자유하기

내용을 읽고 아래의 물음에 대한 나의 생각을 정리해보세요.

Q. 내가 초라하다고 느낀 때는 언제인가요?
그런 감정에서 어떻게 벗어날 수 있을까요?

은혜 미리보기

열매는 내가 잘해서 맺는 것이 아니라
하나님의 인내로 결실하게 되는 것이다

우리 삶의 열매는 하나님의 인내함으로,
은혜와 긍휼을 통하여 맺어지는 하나님의 축복

인내는 하나님이 일하실 수 있도록
내 시간을 넘겨드리는 것

당장 보이는 결과에 연연하기보다
말씀 안에서 참고 인내하고 기다리면, 하나님이
더 큰 열매로 채워주실 것임을 신뢰하며 살아갑니다

나의 상황과 어떠함에도 불구하고
본질적으로 사랑해 주시는 하나님의 인내를 신뢰하며,
감사함으로 나아갑니다

인내로 결실하는

누가복음 8장 11-15절

헝가리 출신의 여성 과학자 커털린 커리코는 2023년 노벨생리의학상을 수상했습니다. 그녀가 처음 생물학을 공부한 것은 1976년이었는데, 그녀는 원래 과학자가 되고 싶은 꿈이 없었습니다. 너무 가난하게 살았기에 헝가리에서 대학을 진학하는 것 자체가 축복이었습니다. 그런 그녀가 대학에 진학한 후 처음으로 RNA라는 것을 만나게 되었습니다.

많은 사람이 DNA에 관심이 있을 때, 그녀는 RNA에 관심을 가지기 시작했습니다. 그리고 박사 학위를 마치고 미국으로 유학을 간 후 펜실베이니아 대학교에서 연구하는 일에 매진했습니다. 이렇듯 과학자는 똑똑한 사람이 아니라 한 가지 일을 가지고 평생을 씨름하는 사람인 것 같습니다. 유학생으로 다른 나라에서 공부한다는 것은 모든 사람에게 어려운 일입니다. 그 후 그녀는 2005년에 RNA에 대한 논문을 쓰고 특허를 받게 됩니다. 그런데 이상하게도 특허까지 받은 그 논문은 대학의 인정을 받지 못했습니다. 게다가 펜실베이니아 대학은 그녀가 받은 특허를 헐값에 팔아버렸습니다. 그 특허를 산 회사가 바로 모더나라는 기업입니다.

이후 시간이 흘러 전 세계에 코로나19가 유행하면서 그녀의 특허가 주목받게 됩니다. 그리고 mRNA를 가지고 코로나19 백신을 만들게 되면서 그녀가 발견한 특허는 수백만 명의 생명을 살리는 지식이 되었습니다.

그녀는 오랜 시간 동안 인정받지 못했습니다. '이것이 답이 될까' 하는 기다림도 있었고, 자기가 낸 특허가 헐값에 팔리는 수모를 경험하기도 했습니다. 그러나 그것이 과학자로 살아가는 그녀의 삶에 방해가 되지는 않았습니다.

꿈이 성취되는 곳의 모든 뒷자리에는 방해가 있습니다. 또 수모라고 하는 것을 경험하기도 합니다. 그렇기에 똑똑한 것보다 더 중요한 것은, 시련의 시간 속에서도 일관성 있게 자기 길을 지켜가는 것이라고 할 수 있습니다. 본문은 그것을 인내라고 말씀합니다. 복음의 씨앗도 뿌려지고 나면 열매를 기다리는 시간이 있어야 합니다. 그것은 하나님의 인내이기도 했습니다. 누가복음을 통하여 하나님의 인내와 은혜에 대하여 묵상해 봅시다.

은혜에 꽉 잡힌 인생

사탄은 마음에서 말씀을 뺏는다

"길 가에 있다는 것은 말씀을 들은 자니 이에 마귀가 가서 그들이 믿어 구원을 얻지 못하게 하려고 말씀을 그 마음에서 빼앗는 것이요"(눅 8:12).

씨 뿌리는 자들은 오래 인내하고 기다려야 열매를 경험할 수 있습니다. 그리고 오랫동안 기다리는 일 속에는 수많은 방해가 있기 마련입니다. 12절은 그 첫 번째 방해를 말씀합니다. 사람들의 마음에 하나님의 복음이 선포되면, 견딜 수 없는 시기와 질투로 방해하는 세력이 있습니다. 성경은 그들을 마귀, 사탄이라고 규정합니다.

모든 사람이 그런 것은 아니지만 지독하게 사탄의 방해를 받는 사람들이 있습니다. 그리고 사탄이 하나님의 백성들을 가장 힘들게 하는 방해는 시련이나 고난이 아닙니다. 그 마음에서 말씀을 빼앗는 것입니다.

사람들은 오해하기를, 사탄이 시련을 만들고 환난을 만들고 우환을 만들어서 믿음으로 살아가는 것을 방해한다고 생각합니다. 교회에 가다가 교통사고라도 나면 하늘이 무너지는 것처럼 두려워하기도 합니다. 그러나 그렇지 않습니다. 누구나 언제든 사고가 날 수 있습니다. 그 사고는 보험으로 처리하면 됩니다. 그것은 치명적인 방해나 두려움이 되지 않습니다. 제가 살아온 60년 동안 교회를 가다가 교통사고로 세상을 떠난 사람은 단 한 명도 없었습니다.

예수 믿는 사람들은 교통사고가 나면 안 된다고 누가 그런 거짓말로 사람들을 미혹할까요? 이런 것에 속으면 안 됩니다. 예수를 믿어도 코로나19에 감염될 수 있습니다. 오히려 우리는 걸려도 조금 앓다가 회복되는 은혜를 경험하고 살아갑니다. 그러다가 세상을 떠나게 되면 천국에 가는 비밀로 세상을 살아가고 있습니다.

우리는 성경이 무엇을 말씀하는지 잘 보아야 합니다. 성경은 사탄이 그 마음에서 하나님의 말씀을 빼앗아 간다고 합니다. 사탄은 세상을 뒤집어놓을 만한 능력 자체를 가져본 적이 없습니다. 사탄이 하는 일은 성도들의 마음에 심긴 하나님의 말씀을 훔치는 것입니다. 그러므로 우리는 마음에 심긴 하나님의 말씀을 지켜내야 합니다.

우리가 하나님의 말씀을 들었습니다. 그러면 그 말씀이 심중 깊은 곳에 뿌리를 내리고 무럭무럭 자라서 열매를 맺는 삶이 되어야 합니다. 그런데 안타까운 것은, 사탄이 그 말씀을 훔쳐 가면 열매 없는 이상한 삶이 될 수도 있다는 것이 예수님의 교훈입니다. 또한 마음에 하나님의 말씀이 사라지면 사람들은 그 마음에 다른 것을 심고 살아갑니다.

그렇다면 말씀을 빼앗긴 사람은 마음에 무엇을 가지고 살아갈까요? 하나님의 말씀이 사라진 곳에는 어김없이 사람들이 만들어낸 말씀 같은 것들이 자리를 차지합니다. 이는 우리가 타락하거나 범죄하거나 부도덕한 사람이 되는 것이 아니라는 말입니다. 그런데 이것이 우리를 더 어렵게 만들기도 합니다.

사탄이 마음에 있는 하나님의 말씀을 빼앗았더니 죄인이 되고, 흉

악범이 되고, 타락하고, 엉망진창이 되는 것이 아닙니다. 말씀의 자리에 다른 것들을 가지고 살게 합니다. 자기가 만든 의라고 하는 것이 자리를 잡기도 합니다. 정의에 더 집착하는 사람이 되기도 하고, 도덕적으로 더 선한 사람이 되려고 하고, 자기 의를 세우는 사람으로 만들어버리기도 합니다.

사탄의 최대 무기는 사람을 타락시키는 것이 아니라 가장 정의로운 사람으로 만들어버리는 것입니다. 그런 사람은 너무 도덕적이어서 예수님을 믿기가 어렵습니다. 너무 착하게 살아서 예수님을 믿기가 어렵습니다. 어떤 일도 저질러 본 적이 없기에 예수님을 믿기 더 어려운 사람으로 만들어버립니다.

대표적인 인물이 예수님 주변을 맴돌며 자기 의를 증명하고 싶어 했던 바리새인들입니다. 그들은 귀신 들린 막달라 마리아보다 더 예수님을 믿기 어려워한 사람들입니다. 자기 의에 집착하는 사람들은 오히려 자기 의로 예수님을 심판하려고 합니다.

우리 마음에 심긴 말씀을 지켜낼 수 있기를 축복합니다. 우리가 말씀을 잃어버리면 그 자리에 타락이 들어오는 것이 아니라 정의가 들어오고 도덕이 들어오고, 자기 가치의 기준이 들어옵니다. 그러면 열매 없는 이상한 삶이 되기도 합니다. 그러므로 우리가 지켜내야 하는 것은 의, 도덕, 성품, 이런 것이 아니라 말씀입니다. 하나님의 말씀이 우리 안에 있으면 그 말씀이 열매를 만들어냅니다.

시련 가운데 말씀으로 굳게 세워진다

"바위 위에 있다는 것은 말씀을 들을 때에 기쁨으로 받으나 뿌리가 없어 잠깐 믿다가 시련을 당할 때에 배반하는 자요"(눅 8:13).

　우리의 마음을 아프게 하는 것은, 말씀을 받았는데 시련을 당할 때에 말씀을 떠난다는 것입니다. 첫 번째는 사탄에 말씀을 빼앗겼고, 두 번째는 시련 앞에서 스스로 말씀을 떠났습니다. 성경은 이것을 배반하는 것이라고 표현합니다.

　적어도 사탄이 시련을 만들어내는 것은 아니었습니다. 세상에는 수많은 시련이 있습니다. 은행 금리는 오르기도 했다가 내리기도 하고, 한때는 결핵 때문에 모든 사람이 죽게 될 것처럼 하다가 그것이 어느 정도 해결되고 나니 암이라고 하는 것이 나타나기도 하고, 에이즈가 온 세상을 집어삼킬 것처럼 하더니 이제는 에이즈도 약을 먹으면 해결되는 곳이 세상입니다. 우리는 그곳에서 살아가고 있습니다.

　캄보디아는 물의 나라라고 합니다. 곳곳에 물이 넘쳐납니다. 벼농사를 지으면 캄보디아처럼 유리한 나라도 없을 것 같습니다. 그런데 왜 캄보디아는 쌀을 수출하는 나라가 될 수 없을까요? 날씨도 덥고, 물도 많고, 일 년에 세 번 농사를 지을 수 있는 환경임에도 불구하고 쌀을 수출하기 어려운 것은, 물이 많은 것 때문에 벼만 잘 자라는 것이 아니라 잡초도 잘 자라기 때문입니다. 덥고 습하니까 당연히 병충

　　　　　　　　　　　　　　　　　　　은혜에 꽉 잡힌 인생

해도 더 많을 수밖에 없습니다. 이것이 세상입니다. 이렇듯 세상은 언제나 시련이 끝나지 않는 곳입니다.

우리는 모두 똑같은 코로나19를 경험했습니다. 그런데 코로나 팬데믹 중에 믿음이 더 좋아진 사람들이 있는가 하면, 연약하여 그 시련의 시간 속에서 시험을 받은 사람들도 있습니다. 마찬가지로 우리나라가 가난할 때는 모든 사람이 교회에 가는 것처럼 보였습니다. 사실 사탕 하나 얻어 먹으려고 가는 것도 있었습니다. 그것이 현실이었습니다. 그런데 이제 조금 살만한 세상이 되고 잘 사는 것처럼 보이니까, 사람들이 교회를 떠납니다. 가나안 교인이 되었다고 합니다. IMF, 금융 위기, 코로나19를 경험하며 200만 명의 형제들이 교회를 떠난 것은 우리의 마음을 아프게 합니다.

우리 마음에 있는 말씀을 지켜내기를 소망합니다. 시련으로 인하여 말씀을 빼앗기면 열매도 빼앗기는 삶이 될 수 있습니다. 그러나 시련 앞에서 모두가 무너지는 것은 아닙니다. 언제나 힘이 되고 위로가 되는 것은, 시련 속에서도 말씀 위에 든든히 세워져 가는 사람들이 더 많다는 사실입니다.

삶의 우선순위를 올바로 정해야 한다

"가시떨기에 떨어졌다는 것은 말씀을 들은 자이나 지내는 중 이생의 염려와 재물과 향락에 기운이 막혀 온전히 결실하지 못하는 자요"(눅 8:14).

저는 14절이 제일 억울하다는 생각이 들기도 합니다. 결실하기는 하는데, 온전한 결실이 안 되는 것을 봅니다. 세상의 염려와 두려움, 재물과 향락이 함께 공존하는 이상한 삶의 자리에 서 있기에 그렇습니다.

억울하다는 생각이 드는 이유는, 재물과 향락이 있는데 왜 염려와 두려움도 함께 있느냐 하는 것입니다. 염려가 있다면 향락이 없어야 합니다. 재물이 있고 향락이 있으면, 염려가 없어야 합니다. 그런데 가시떨기에 떨어진 삶은 이 두 가지를 함께 가지고 살아갑니다. 말씀 안에서 삶의 우선순위만 잘 조율하면 염려 없는, 두려움이 사라진 건강하고 행복한 삶을 살아갈 수 있을 것처럼 보이는데 늘 온전하지 못한 결실을 가지고 살아갑니다.

"나는 주일 아침에 예배하는 사람입니다" "어떤 일이 있어도 예배는 지켜내겠습니다. 그리고 오후에는 등산하겠습니다" "예배를 지켜내겠습니다. 그리고 오후에는 가족들과 함께 행복한 시간을 만들어 보겠습니다" 같은 것이 삶의 우선순위입니다.

그런데 이것이 너무 어렵습니다. 예배보다 등산이 더 중요합니다. 그렇다면 주일 아침에 교회 앞을 지나 산으로 올라가는 발걸음에는 어떤 행복이 있을까요? 거기서 김밥이라도 먹으면 행복할까요? 그것이 행복하지 않을 것 같은 사람들이 예배당에 나오는 것입니다. 그것이 행복한 사람은 말씀이 사라진 것은 아니지만 늘 시들시들한 열매를 경험하고 살아갑니다.

우리 삶의 우선순위가 바르게 정해지는 그 자리에서 열매를 경험하게 되기를 바랍니다. 이 우선순위를 바꿔서 지켜낼 만한 행복은 존재하지 않습니다. 그 세상은 이생의 염려와 재물이 모순을 만들어내는 세상이 될 수밖에 없습니다.

인내하며 기다려주시는 하나님

"좋은 땅에 있다는 것은 착하고 좋은 마음으로 말씀을 듣고 지키어 인내로 결실하는 자니라"(눅 8:15).

여기서 등장하는 인내는 밭의 인내이기도 하지만, 더 결정적인 것은 씨 뿌리는 자의 인내라고 할 수 있습니다. 그분이 오랫동안 인내하십니다. 하나님께서는 사탄이 말씀을 빼앗아버리는 일을 지켜보셔야 하는 때도 있습니다. 누군가가 시련으로 인하여 교회를 떠나는 것을 지켜보셔야 하는 때도 있습니다. 그럼에도 불구하고 분노하시지 않는 것이 그분의 인내입니다. 또한 그분은 어떤 사람들 때문에 "다시 밭을 갈아엎어라"라고 하신 적이 단 한 번도 없습니다. 그때부터 지금까지 인내하고 기다려주시는 분입니다.

그렇기에 우리가 말씀을 듣고 지켜서 열매를 맺을 것이라고 생각한다면, 하나님의 인내를 무시하는 것이 되기도 합니다. 열매는 오랫동안 기다려주시는 그분의 인내로 인해 만들어지는 것입니다. 그분은 어떤 환경에서도 자기 백성들을 위하여 기다려주십니다.

우리는 하나님의 인내로 만들어지는 소산물입니다. 우리는 흔들릴 때도 있습니다. 시련 앞에서 눈물을 흘릴 때도 있습니다. 재물과 염려를 둘다 가지고 살아가는 것이 얼마나 힘든 것인지를 경험하고 살아가는 시간도 있습니다. 그러나 그 모든 시간을 뒤로 하고 지금의 우리가 있는 것은, 우리가 하나님의 말씀을 잘 지켜냈기 때문이 아니었습니다. 우리가 열매의 자리에 앉을 때까지 오랫동안 기다리시는 그분의 인내 때문이었습니다.

우리는 복음을 전하기 힘든 세상을 살아갑니다. 그런 가운데 인내는 하나님이 일하시도록 하나님께 시간을 넘겨드리는 것입니다. 오늘도 우리보다 더 큰 인내로 기다리시는 것을 기억하면서, 하나님의 인내를 붙잡고 복음의 열매를 사모하며 살아가는 믿음의 사람이 되기를 축복합니다.

묵상하고 자유하기

내용을 읽고 아래의 물음에 대한 나의 생각을 정리해보세요.

Q. 과거를 돌아봤을 때 하나님이 나를 위해
인내해주셨던 것은 무엇인가요?

은혜 미리보기

위기 앞에서 하나님은 우리에게 복을 주시기 위해
떠나지 않으신다

삶의 위기 속에서도 함께하시고 복 주기 원하시는
하나님이 나의 하나님, 나는 그분의 백성

하나님을 경외하며 하나님이 주시는 복을
누리는 삶이 되기를 다짐한 은혜로운 시간

위기 속 눈앞에서 사라지는 것들에 마음을 뺏기는
인간의 관성을 경계하고, 여전히 지키시며 세워가시는
하나님의 약속을 바라보다

이 땅에 심으리라

예레미야 32장 38-41절

미국 애플사의 창업자 스티브 잡스는 사람들을 만날 때마다 똑같은 옷을 입기로 유명했습니다. 그는 사람을 만날 때 늘 검은색 터틀넥 티셔츠와 청바지를 입었습니다. 그런가 하면 페이스북의 창업자 마크 저커버그는 늘 후드티를 입고 다녔습니다. 그래서 어떤 사람들은 실리콘 밸리의 날씨가 생각보다 쌀쌀해서 그런 옷을 입을 수밖에 없다고 주장하기도 했습니다. 또 버락 오바마 전 미국 대통령은 늘 회색 셔츠를 입었습니다. 그런데 그의 주 활동지였던 시카고는 생각보다 추운 동네였기에, 그가 그곳에서 회색 셔츠를 입고 추위를 이겨내는 것은 불가능한 일이었습니다.

미국의 심리학자 로이 바우마이스터는 이렇듯 사람들이 일관된 습관을 가지고 살아가는 것이 의지력의 한계 때문이라고 주장합니다.

사람들은 누구나 의지력이 있습니다. 그렇지만 그 의지력은 무한한 자원이 아닙니다. 그리고 무엇인가를 선택한다는 것은 생각보다 많은 에너지를 소모합니다. 그래서 그들은 아침에 일어나서 무슨 옷을 입을지 고민하는 것조차 하기 싫었다는 것입니다.

우리는 무엇을 결정하고 선택해야 할 것이 많은 세상을 살아갑니다. 스티브 잡스는 누군가를 만나기만 하면 결정해야 했고, 선택해야 했습니다. 마크 저커버그가 하루에 하는 수많은 선택은 에너지를 고갈시키기에 충분했습니다. 버락 오바마 전 미국 대통령이 무엇인가를 선택하고 결정하는 것은 세계적인 전쟁이 될 수도 있었습니다. 그러므로 의지력이라는 에너지의 결핍을 피하고자 좋은 습관을 가지는 것은 행복한 일입니다. 아침에 일어나자마자 무슨 비누를 쓸 것인가, 어떤 치약을 사용할 것인가 고민하기 시작한다면 하루의 에너지를 엉뚱한 곳에 다 사용할 수도 있습니다.

그런데 성경은 우리가 결정해야 하는 것 중 대단한 것들은 이미 하나님이 결정하셨다고 말씀합니다. 그래서 그분과 동행하는 길에서는 결정 장애를 느낄 이유가 없습니다. 대부분의 결정은 그분이 하십니다. 이렇듯 하나님과 동행하며 누리는 삶의 행복에 대하여 묵상해 봅시다.

그분의 백성들을 지키시는 하나님

"그들은 내 백성이 되겠고 나는 그들의 하나님이 될 것이며"(렘 32:38).

이 구절에서 이미 모든 것이 결정되었다는 생각이 밀려옵니다. 하나님이 선언하십니다. 그들은 내 백성이 되고, 나는 그들의 하나님이 될 것이라고 하십니다. 이것은 우리가 결정한 것이 아니라 그분이 하신 것입니다. 하나님이 우리의 하나님이 되시는 것은, 그분의 결정이 먼저 있었기 때문입니다. 우리는 이것을 예정이라고도 하고, 하나님의 은혜라고 표현하기도 합니다.

지금 이스라엘 백성들은 무엇인가를 결정해야 하는 중대한 기로에 서 있습니다. 온 나라가 절대적인 위기 앞에 있습니다. 왜냐하면 바벨론이 쳐들어오고 있기 때문입니다. 115년 전 히스기야의 창고를 기웃거리던 바벨론이 이제 강대국이 되어 예루살렘으로 진격하고 있습니다. 그러니 이스라엘 백성들은 무엇이든 결정해야 합니다. 전쟁하거나 항복해야 합니다.

예레미야가 선지자로 살아가는 것이 어려웠던 이유는 하나님의 말씀을 백성들에게 전해야 했기 때문입니다. 그는 하나님이 하신 말씀을 자기 백성들에게 그대로 전해야 했습니다. 그런데 하나님이 "너희가 바벨론에 포로로 끌려갈 것"이라고 하셨습니다. 우리는 이런 상황을 '대략난감'이라고 표현합니다.

차라리 전쟁에서 다 죽더라도 결사 항전으로 예루살렘을 지키라고 하셨다면 더 좋았을 것 같습니다. 목숨이라도 걸고 전쟁할 수 있습니다. 물론 하나님이 그렇게 말씀하셨다고 해서 이스라엘 백성들이 전쟁을 끝까지 했느냐 하는 것은 다른 문제입니다.

세상은 항상 강대국들이 일시적으로 나타났다가 사라지고, 또 세워졌다가 무너지는 일을 반복합니다. 앗수르가 세계를 지배하는 것처럼 보였는데 무너졌습니다. 그리고 이제 갈대아인들이 세상을 지배하는 세상을 만났습니다.

우리가 늘 꿈꾸는 것은 하나님이 지배하시는 세상입니다. 세상에 있는 모든 나라가 하나님 앞에 무릎을 꿇고 그분의 말씀대로 살아가는 세상을 만들어 보려고 합니다. 그래서 십자군 전쟁도 하고 30년 전쟁, 100년 전쟁을 해보기도 했지만 온 세상이 하나님의 통치를 경험한 적은 단 한 번도 없었습니다.

세상은 늘 군왕들의 욕망을 따라 혼란과 전쟁과 기근과 질병을 반복하며 살아갑니다. 그리고 하나님은 처음부터 이 세상에서 하나님 나라가 온전히 세워지는 것을 말씀하신 적이 없습니다. 또한 세상의 군왕들이 자기 힘을 자랑하는 세상이 되면, 하나님의 백성들에게는 고난의 시간이 찾아왔습니다. 세상의 권력자들이 권력을 잡으면 제일 먼저 하는 것이 교회에 대한 박해였습니다. 로마 황제가 그랬고, 히틀러가 그랬습니다. 세계 역사에서 일어난 수많은 혁명의 이념 첫 번째 목표가 교회를 박해하는 것이 되기도 했습니다.

본문에서 바벨론은 강대국이 되었습니다. 그들은 그 자체로 충분히 살아갈 만한 능력이 있었습니다. 유프라테스강과 티그리스강을 연결하는 운하를 만들고, 공중정원을 만들고, 밀을 생산하여 누구도 굶어 죽지 않는 나라를 만들었습니다. 또한 함무라비 법전을 만들어서 누구도 부럽지 않은 나라를 세웠습니다. 그러면 잘 살면 됩니다. 그런데 그들은 자기들이 잘 사는 것으로 끝나지 않고, 하나님의 백성들을 괴롭게 하고 힘들게 했습니다.

앗수르가 내려오면서 북이스라엘은 이미 무너졌습니다. 남유다는 조그마한 동네밖에 되지 않았습니다. 두 지파 정도의 땅이니까 대단한 것이라고 할 수도 없습니다. 거기서 석유가 나오는 것도 아니고 금으로 온 동네가 덮인 것도 아닙니다. 물론 히스기야의 창고에 금이 조금 있기는 했지만 바벨론은 이미 더 많은 것을 가졌습니다. 그런데 그곳에 바벨론이 내려옵니다. 제 생각에는 안 내려와도 될 것 같은데 내려왔습니다.

하나님은 자기 백성들에게 세상의 권력이 어떤 것인지 가르쳐주기를 원하셨습니다. 그것은 잠시 온 세상을 점령하는 것처럼 보이지만 영원한 것이 아니며, 오히려 이런 기회를 통하여 자기 백성들을 연단하고 훈련하기를 원하셨습니다. 그래서 바벨론이 어떤 잔인함으로 다가온다고 할지라도 '나는 너희의 하나님이 될 것이고 너희는 내 백성이 될 것'이라는 것이 하나님의 말씀이었습니다.

우리 모두 이 말씀을 신뢰할 수 있기를 소망합니다. 약간의 상처와 충격은 있겠지만, 무너지지 않는다는 것이 하나님의 말씀입니다. 바벨론이 쳐들어오든 앗수르가 쳐들어오든 간에, 자기 백성들이 몰살 당하거나 성이 완전히 무너져서 파괴당하거나 하나님의 백성이 다 사라진 적은 한 번도 없다는 것입니다. 여리고 성은 흔적도 없이 사라졌지만 예루살렘 성전은 여전히 그곳에 있다는 사실이 그것을 잘 보여줍니다.

한국민족문화대백과사전에 따르면, 우리나라도 1884년 이 땅에 복음이 전해진 이후 2,600여 명이 믿음을 지키다가 목숨을 잃었다고 합니다. 그런데 하나님이 얼마나 정확하게 말씀하시냐면, 예레미야 32장 29절에 "그 지붕에서 바알에게 분향하며 다른 신들에게 전제를 드려 나를 격노하게 한 집들을 사르리니"라고 하십니다. 이 말씀은 '몇 집이 불탄 적은 있고 몇 사람이 순교를 당한 적은 있지만 모두가 죽었다'는 것이 아닙니다. 너희 중에 어떤 사람들이 바벨론에 포로로 끌려가는 일이 일어나지만 너희의 하나님이 되고, 너희는 내 백성이 되리라는 약속은 무너지지 않는다는 말씀입니다.

우리가 붙잡아야 하는 것

"내가 그들에게 복을 주기 위하여 그들을 떠나지 아니하리라 하는 영원한 언약을 그들에게 세우고 나를 경외함을 그들의 마음에 두어 나를 떠나지 않게 하고"(렘 32:40).

이 결정적 위기 앞에서 하나님은 여전히 그들에게 복을 주기 위하여 떠나지 않겠다고 선언하십니다. 이를 통해 우리는 바벨론이 지배하는 세상에서 이스라엘 백성들이 잃어버린 것이 무엇인지를 잘 보아야 합니다.

그들의 몇 집이 불탔습니다. 그런데 알고 보니 그 집들은 옥상에 바알 신당을 만든 집이라고 합니다. 처음부터 있으면 안 되는 것들이 불타버렸습니다. 또한 이스라엘 백성들은 바벨론이 성전에 있는 금은보석을 다 빼앗아 갔다고 했는데, 하나님은 처음부터 성전에 금은보화가 넘치는 것을 원하지 않았다고 하십니다. 히스기야가 자랑하고 살았던 금은보화는 히스기야의 자랑이었습니다. 하나님은 한 번도 금은보화가 넘치는 성전을 원하신 적이 없습니다.

이것은 하나님이 처음부터 원하지 않으셨던 것들이 고난을 통하여 사라지게 됨을 우리에게 말씀합니다. 바알을 섬겼던 집들의 지붕이 불타게 될 것입니다. 처음부터 하나님이 원하지 않으셨던 금은보화들은 사라질 것입니다. 이것이 하나님의 생각입니다. 또한 사람의 생각은 히스기야가 15년이나 더 살게 된 것을 자랑하고 싶어 합니다. 그러나 하나님은 시편 90편 10절에서 인생의 수명은 70이고, 강건하면 80을 사는 세상에서 15년을 더 사는 것이 무슨 대단한 자랑이냐고 반문하시며 이제는 그런 것으로 자랑하지 말라고 말씀하십니다.

하나님은 온 우주에 존재하는 모든 것의 주인이십니다. 그분은 세상을 창조하시고, 조성하시고, 관리하시고, 다스리고, 통치하시는 분입니다. 온 우주에 있는 모든 것이 그분의 것입니다. 그런데 사람들은 그 많은 것 중에 자기 눈에 보이는 어떤 것을 지켜내려고 하고, 그것을 잃어버리면 대단한 것을 잃은 것처럼 절망합니다.

이런 것입니다. 하나님은 자기 백성들에게 "그 땅의 돌은 철이요 산에서는 동을 캘 것이라"(신 8:9) 말씀하셨습니다. 그래서 이스라엘은 전쟁하여 다른 나라의 금을 약탈하고 은을 수탈한 적이 없습니다. 성전에 있는 금은보석은 다 그 땅에서 나는 것들이었습니다. 그러니 그 땅에서 나는 것 중 1퍼센트도 안 되는 것들을 성전에 쌓아두었는데 그것이 그들의 자랑이었습니다.

하나님은 눈에 보이는 어떤 것들이 사라지는 것이 문제가 아니라고 하시며, 여전히 그 땅에서 철을 캐고 동을 캘 것이라고 말씀하신 하나님의 약속이 지켜지는 것에 집중하라고 하십니다. 눈에 보이는 성전에 금은이 사라지는 것이 문제가 아니었습니다. 그것들은 수많은 중에 겨우 땅 위에 올라와 있는 것이 사라진 것입니다.

위기의 순간에 하나님은 우리가 무엇을 지켜내기를 원하시는지 보아야 합니다. 이스라엘 백성들은 자기 눈에 보이는 어떤 것들이 사라지는 것 때문에 절망했습니다. 성벽이 무너졌다, 집들의 지붕이 불타게 되었다, 성전의 금은이 사라졌다, 백성들 중 어떤 사람들이 포로로 끌려가게 되었다고 하는 것 때문에 절망하고 있을 때 하나님은 그분이 약속하신 것들이 어떻게 지켜지는지에 대하여 말씀하십니다. 그래서 40절에서 하나님은 "나를 경외함을 그들의 마음에 두어 나를 떠나지 않게 하(겠)"다고 선언하십니다. 눈에 보이는 성전이 무너지면 하나님이 무너지는 것처럼 오해하고 눈에 보이는 금은보

은혜에 꽉 잡힌 인생

화가 사라지니까 하나님이 모든 것을 잃어버린 것처럼 오해하는 자기 백성들을 위하여 이제는 눈에 보이는 성전에, 눈에 보이는 어떤 형상에 그것을 두지 않고 사람들의 마음에 영원한 언약을 심어두겠다고 선언하십니다.

우리가 인생을 살아가는 동안 어떤 위기의 순간을 만난다고 할지라도 눈에 보이는 것에서 벗어나, 우리 마음속에 있는 하나님의 언약을 붙잡을 수 있기를 바랍니다. 마음에 있는 하나님을 붙잡아야 합니다. 심비에 새겨주신 것들을 붙잡고 살아야 합니다. 눈에 보이는 것은 사라질 수 있습니다. 또한 어쩌면 그것은 처음부터 하나님이 원하시는 것이 아닐 수 있습니다.

온 우주의 주인이신 하나님

"내가 기쁨으로 그들에게 복을 주되 분명히 나의 마음과 정성을 다하여 그들을 이 땅에 심으리라"(렘 32:41).

하나님은 그 땅을 바벨론에 주신 적이 없습니다. 그렇기에 그들의 권력은 겨우 70년 왕 노릇 하는 것으로 끝나는 것입니다. 세상이 모든 것을 지배하는 것처럼 보이지만, 하나님이 그들에게 모든 것을 주신 적이 없습니다. 그래서 바벨론은 자기 땅에 공중정원을 만들었지만, 지금은 흔적도 없이 사라졌습니다. 그들이 예루살렘에 들어와서 집을 지었습니까? 궁궐을 지었습니까? 공중정원을 만들었습니까? 하나님은 그런 것을 허락하신 적이 없습니다. 하나님이 허락하시지 않았다면 세상의 어떤 권력도 자기 것으로 만들 수 없습니다. 잠시 모든 것을 가진 것처럼 착각하고 끝나는 것입니다.

21세기 과학은 지구에 있는 수소와 태양에 있는 수소가 같은 것임을 발견하고 깜짝 놀랐습니다. 우리 몸에 있는 수소와 지구에 있는 수소가 같은 것이고, 지구에 있는 수소와 온 우주에 있는 수소가 같은 것이라는 사실이 증명되었습니다. 그러면 진화론자들은 저에게 이런 질문을 합니다. "나는 누구, 너는 누구?" 저는 그것을 보면서 하나님이 온 우주의 주인이신 것이 증명되어서 다행이라고 생각합니다.

예레미야 32장 22절에 "그들에게 주시기로 그 조상들에게 맹세하신 바"라는 말씀처럼 그 땅에 대한 집착은 하나님이 하십니다. 이것은 바벨론에 내어준 적도 없고 그들에게 줄 생각도 없으니, 어떤 위기를 만난다고 할지라도 그들은 하나님의 백성이 되고 하나님은 그들의 하나님이 되리라고 선언하신 하나님의 결정을 붙잡고 살아가라는 말씀입니다.

무엇을 결정하기 어려울 때가 있습니까? 그때마다 나는 네 하나님이 되고 너는 내 백성이 되리라고 선언하신 하나님을 붙잡으며, 의지의 결단력이 고갈되지 않는 인생을 살게 되기를 소망합니다.

은혜에 꽉 잡힌 인생

묵상하고 자유하기

내용을 읽고 아래의 물음에 대한 나의 생각을 정리해보세요.

Q. 내 삶에서 성실하시고 신실하신 하나님의 사랑을
경험한 적은 언제인가요?

은혜 미리보기

전부 이해해서 따라가는 것이 아니라
버티게 하시고 꿈꾸게 하시는 하나님의 힘 때문에
따라갈 수 있음을 고백한다

하나님이 약속하신 대로 축복하시고 그 은혜를 누리며
살게 하신다고 하니 마음에 위로가 된다

어떤 일을 만나도 하나님이 나를 떠났다고
오해하지 않으리

우리에게 약속하신 모든 것을 성취하시고
우리 곁을 떠나지 않으시는 하나님

나를 떠나지 않으시는 하나님의 힘으로 인해
오늘을 평안하게 살아갑니다

우리를 떠나지 않는 하나님의 힘

창세기 28장 13-15절

사람들은 길을 걷다가 문득 '여기에 의자 하나가 놓여있으면 참 좋겠다'라는 생각을 하기도 합니다. 그래서 어떤 건축가는 지금보다 길가에 벤치를 더 많이 만들면 행복한 세상이 될 수 있을 것이라고 말합니다. 그런데 알고 보면 우리는 그보다 훨씬 좋은 것들을 이미 공짜로 사용하며 행복을 누리고 있습니다. 예를 들면 물, 공기, 햇빛 이런 것들입니다.

하나님이 우리에게 주신 제일 큰 선물은 에너지 효율입니다. 예전에 인공지능 알파고와 바둑기사 이세돌의 대국이 있었습니다. 그때 누가 이길까 하는 것이 큰 이슈였는데, 그 이후에는 인공지능과 사람이 붙으면 누가 이길지에 대해 질문하지 않는 세상이 되었습니다. 어떤 사람은 당연히 인공지능이 이긴다고 생각하고, 또 어떤 사람은 인공지능에 지배되는 세상을 두려워하기도 합니다.

　그러나 곰곰이 생각해 보면 인공지능과 사람 사이의 너무 다른 에너지 효율을 발견하게 됩니다. 인간은 두뇌를 움직이는 데 0.02킬로와트의 에너지가 필요합니다. 그런데 알파고는 무려 170킬로와트의 에너지를 사용합니다. 그러니까 인간이 사용하는 에너지의 8,500배를 사용해야만 알파고를 작동시킬 수 있습니다. 또 거기에는 1,202개의 CPU가 있어야 하고, 176개의 그래픽 GPU가 있어야 합니다. 이렇듯 알파고는 사람보다 8,500배 많은 에너지를 사용하여 사람을 한 번 이겼습니다.

　사람은 비스킷 한 조각을 먹으면 10킬로미터를 걷는다고 합니다. 하나님은 사람을 만드실 때 가장 효율적인 에너지 시스템으로 만드셨습니다. 지금까지 수많은 기근과 고난이 있었지만, 인류가 지금까지 생존할 수 있었던 것도 탁월한 에너지 효율 때문입니다. 아무리 다이어트를 해도 살이 빠지지 않는 것도 사람이 가지고 있는 에너지 효율 때문입니다. 하나님은 자기의 형상을 따라 사람을 만드시고 가장 탁월한 에너지 효율로 생존할 수 있도록 하셨는데, 사람들은 늘 하나님이 사람을 엉망으로 만드신 것처럼 오해합니다.

　창세기 28장을 보면 하나님이 그런 사람에게 찾아오셔서 '내가 너를 떠나지 않을 것'이라고 말씀하십니다. 우리는 이것을 은혜라고 합니다. 창세기를 통해 연약한 사람과 함께하시는 하나님의 은혜에 대하여 추적해 봅시다.

하나님이 주시는 땅

"또 본즉 여호와께서 그 위에 서서 이르시되 나는 여호와니 너의 조부 아브라함의 하나님이요 이삭의 하나님이라 네가 누워 있는 땅을 내가 너와 네 자손에게 주리니"(창 28:13).

하나님이 야곱에게 찾아오셨습니다. 야곱이 지금까지 살아온 모습을 상상해 보면 하나님이 그를 찾아오실 이유가 없습니다. 오셔야 한다면 그 밤에 찾아오셔서 그에게 벌을 주셔야 합니다. 그런데 하나님은 아버지를 속이고, 형을 속이고, 세상에 있는 온갖 거짓말을 다 하고 살아온 것 같은 야곱에게 찾아오셔서 지금 누워있는 그 땅을 그와 그의 자손에게 주겠다고 약속하십니다.

야곱은 죄인입니다. 그런데 그는 아무 공로 없이 하나님의 꿈에 초대받았습니다. 이는 우리도 마찬가지입니다. 우리는 하나님을 위하여 무엇인가를 한 것이 아무것도 없습니다. 창세기를 한번 읽어본 적도 없고, 훈련을 받아본 적도 없고, 성경대학 같은 것이라고는 근처에도 가본 적이 없습니다. 이웃 사람들에게 착하게 굴어본 적도 없습니다. 그런데 왜 이럴 때 하나님이 우리에게 찾아오시는지 늘 궁금합니다. 우리가 제대로 살만한 때에 오셔도 됩니다. 이제 무엇인가를 발견하고 제대로 된 인생을 살고 싶다고 결단하는 순간에 찾아오셔도 됩니다. 마이 드림(My Dream), 오늘은 내가 꿈을 꾸기 시작했다고 일기장에 제대로 적어보고 인생에서 무엇인가를 할 수 있을 것이라고 상상하는 순간에 찾아오시면 참 좋을 것 같은데, 죄인이 하나님을 만나는 순간은 대부분 이런 때입니다.

야곱은 할아버지로부터 이 땅에 관한 이야기를 들은 적이 있습니다. 그것은 할아버지 아브라함의 꿈이기도 했습니다. 그의 할아버지는 그 땅을 주시겠다는 하나님의 약속을 받고 갈대아 우르에서 여기까지 왔습니다. 또 야곱은 착한 아버지를 만나서 고생 없는 풍요를 경험하며 살았습니다. 그의 아버지는 어떤 해에 농사하여 100배의 소출을 만들어내기도 했습니다. 그의 아버지는 탁월했으며, 할아버지가 무엇을 말씀하든 순종하는 사람이었습니다.

그러나 야곱은 좀 달랐습니다. 할아버지의 꿈이 자기 꿈이 될 것이라고는 한 번도 생각해 본 적이 없습니다. 아버지는 늘 성실해서 실패가 없는 사람이었기에 아버지가 그 땅을 갖는 것은 당연하다고 생각했습니다. 의인에게 땅을 주시는 것은 하나님의 축복이라고 믿으며 살았습니다. 그래서 자기 땅이 될 것이라고는 상상해 보지 못했습니다. 그런데 하나님이 찾아오셔서 그 땅을 주겠다고 말씀하십니다. 지금까지 제대로 잘 살았다면 떳떳했을 것 같은데, 그의 삶에는 떳떳한 것이 없습니다. 지금 형편이 그렇습니다.

몇 가지 사건이 있기는 했지만, 그에게는 자랑할 만한 것이 없습니다. 태중에서는 형의 발목을 잡고 태어났고, 또 형 에서에게 팥죽 한 그릇을 내어주고 장자권을 샀습니다. 아버지를 속이고 형을 속여서 아버지로부터 기도를 받았습니다. 아무리 돌아봐도 의라는 것을 발

은혜에 꽉 잡힌 인생

견하기가 어렵습니다. 그나마 위로를 받는 것은 어머니와 잘 지냈다고 하는 정도입니다.

그런데 하나님이 찾아오셔서 그 땅에 초대하십니다. 천사가 나타났습니다. 천사가 사다리를 오르락내리락하더니 하나님이 그 위에서 그에게 친히 말씀하십니다. "나는 너의 할아버지의 하나님이다. 나는 너의 아버지의 하나님이다." 그러면서 그가 지금 누워있는 땅을 주겠다고 하시고, 야곱의 하나님이 되어주실 것을 선언하십니다.

하나님은 지금까지 있었던 모든 일을 야곱에게 묻지 않으십니다. 왜 속였냐고, 왜 그렇게 살았냐고 따지지도 묻지도 않으십니다. 지금까지 있었던 모든 일은 그의 할아버지가 한 일이고, 지금까지 모든 일은 그의 아버지가 한 일인데 지금부터는 그를 통하여 이루실 일들이 있을 것이라고 선언하시며 그 땅에 야곱을 초대하십니다. 야곱이 드디어 자기의 하나님을 만난 순간입니다.

지금까지 그는 할아버지가 만난 하나님 안에 있었습니다. 또 아버지의 하나님 안에 있었습니다. 그런 그가 이제 드디어 그의 하나님을 만나게 되었습니다. 이처럼 우리도 나의 하나님을 만나게 되기를 축복합니다. 언젠가 한 번은 만나야 합니다. 아버지의 하나님, 순장님의 하나님, 목사님의 하나님도 좋지만 결국 나에게 찾아오시는 하나님을 만나야 합니다. 그분이 우리 각자에게 찾아오셔서 '네가 누운 그 땅을 너에게 주리라'고 선언하십니다. 하나님이 우리에게 주시는 그 땅에 서게 되기를 소망합니다. 하나님이 우리에게 주시는 땅은 따로 있습니다. 그것은 꿈이 되기도 합니다.

약속하신 것을 이루시는 분

"네 자손이 땅의 티끌 같이 되어 네가 서쪽과 동쪽과 북쪽과 남쪽으로 퍼져나갈지며 땅의 모든 족속이 너와 네 자손으로 말미암아 복을 받으리라"(창 28:14).

하나님이 무엇인가를 약속하실 때, 그 약속은 정말 중요합니다. 하나님은 아브라함을 부르실 때도 약속하셨습니다. 창세기 12장 2절에 보면 "내가 너로 큰 민족을 이루고 네게 복을 주어 네 이름을 창대하게 하리니 너는 복이 될지라"라고 하셨습니다. 아브라함에게 복이 될 것이라고 약속하셨습니다. 그런데 본문에서는 야곱을 부르시면서 "너와 네 자손으로 말미암아 복을 받으리라"라고 선언하십니다.

아브라함은 하나님으로부터 부르심을 받아 하나님의 은혜를 경험하며 살아갔습니다. 그런데 그에게도 하나님이 원하시지 않는 삶의 무게가 있었습니다. 이스마엘이 있었고 하갈이 있었습니다. 그런데 하나님은 그들 속에서 '아브라함이 복이 될 것'이라고 선언하셨습니다. 그러니까 적어도 '네 자손'이라고는 하지 않으셨다는 것입니다. 그런데 본문에서는 하나님이 야곱뿐만 아니라 그와 그의 자손들로 말미암아 땅에 있는 모든 사람이 하나님의 복을 경험하게 될 것이라고 선언하십니다.

그렇습니다. 하나님의 축복은 이런 것입니다. 이미 여러 명의 아들을 선언하시고, 그 아들들로 인하여 많은 사람이 하나님의 복을 경험하게 될 것이라고 말씀하십니다. 야곱이 이 사실을 알았을까요? 야곱은 일방적으로 선언하시는 하나님의 언약에 참여하는 자로 부르심을 받았습니다. 그 속에서 자손이 몇 명 될 것이고, 그들 중에 누가 제일 똑똑한 아들이 될 것이고, 그들 중 누가 많은 사람을 위하여 큰일을 하게 될 것이라는 것은 아직 보지 못했습니다. 그런데 알고 보니 하나님이 이미 다 말씀하고 계신 것처럼 보이기도 합니다. 요셉이 애굽의 기근을 해결할 것이고, 너희가 그 속에서 복을 누리며 살아갈 것이고, 너희를 통하여 거룩한 백성들이 만들어질 것이고, 출애굽과 광야와 가나안 정복의 거룩한 역사가 너의 자손들을 통하여 성취될 것이라고 말씀하신 것입니다. 그러나 야곱이 이 일을 이해할 리 없습니다.

우리는 하나님이 우리 가운데 찾아오셔서 하시는 말씀을 다 이해하며 살아갈 수 없습니다. 때로는 다 이해하지 않아도 되는 것을 약속하시고, 그 약속하신 모든 것을 지키시는 분이 하나님이시기 때문입니다.

하나님은 그분이 약속하신 모든 것을 성취하시는 분입니다. 그러므로 약속하신 모든 것을 다 이루시는 하나님을 신뢰하기를 바랍니다. 사람들의 능력이 성취하는 것이 아닙니다. 하나님이 하시는 일에 우리가 믿음으로 참여하는 것입니다.

떠나지 않으심과 떠나지 않음

"내가 너와 함께 있어 네가 어디로 가든지 너를 지키며 너를 이끌어 이 땅으로 돌아오게 할지라 내가 네게 허락한 것을 다 이루기까지 너를 떠나지 아니하리라 하신지라"(창 28:15).

'하나님이 왜 이런 말씀을 하셨을까' 하는 생각이 들기도 합니다. 왜냐하면 야곱의 삶에는 하나님이 떠나신 것처럼 보이는 장면이 너무 많이 등장합니다. 이해할 수 없는 장면도 나옵니다. 그런데 이 약속을 붙잡은 야곱은 평생을 살아가는 동안 하나님이 자기를 떠나신 적이 없다는 것을 신뢰하고 살아야 했습니다.

여기서 야곱은 형 에서와 전혀 다른 삶을 살아가는 자리에 부르심을 받았습니다. 똑같은 고난을 경험하고 살아가지만, 그것은 형 에서가 살았던 것과는 질적으로 전혀 달랐습니다. 둘 다 목마름이 있었지만 그것은 다른 목마름이었습니다. 둘 다 가난이 있었지만 그것은 다른 가난이었습니다. 세상을 살아가는 모습은 비슷했지만 그것은 전혀 다른 고난이 되었습니다.

야곱이 삼촌 라반의 집에서 살았던 시간의 반은 평화이고, 반은 고난이었습니다. 사랑하는 아내를 위하여 7년을 일했는데, 그 시간 동안 많은 자손을 만든 것은 하나님이셨습니다. 야곱의 사랑하는 아내가 아이를 둘밖에 낳을 수 없을 때 하나님이 결정하신 것은 인간들의 상상을 초월하는 것이었습니다. 그러나 그때 야곱은 그 또한 하나님

은혜에 꽉 잡힌 인생

이 일하시는 것임을 받아들이기가 어려웠습니다.

사람들은 야곱이 경험하는 삶을 보면서 이런 질문을 자주 합니다. "이것은 하나님을 떠난 것이지요?" "야곱이 한 여자에게 집착하는 것은 하나님을 떠난 것이지요?" "삼촌의 집에서 얼룩진 양들을 만들어 내는 것은 하나님을 떠난 것이지요?" "그의 딸 디나가 험난한 일을 경험한 것은 하나님을 떠난 것이지요?" "그의 아들들이 서로 시기하고 분쟁하여 요셉을 종으로 팔아버리는 것은 하나님을 떠난 것이지요?"

하나님은 이 모든 것을 알고 계셨기에 이렇게 말씀하십니다. "내가 네게 허락한 것을 다 이루기까지 너를 떠나지 아니하리라." 그렇습니다. 야곱이 살아야 하는 삶은 이런 것이었습니다. 앞으로 어떤 일을 만나더라도 하나님이 떠나셨다고 오해하지 않는 삶이었습니다. 얼마나 고통스러운 일을 만나든지, 얼마나 힘든 일을 만나든지 그가 붙잡고 살아야 하는 것은 하나님이 자신을 떠나지 않을 것이라고 하는 믿음이었습니다.

그러나 하나님을 떠나지 않는 힘은 우리에게 없습니다. 하나님께 있습니다. 우리에게는 하나님이 하시는 모든 일을 이해할 만한 능력이 없지만, 하나님께는 야곱이 살아온 모든 삶을 이해하실 힘이 있습니다. 그 힘은 용서가 되기도 하고, 축복이 되기도 합니다. 그뿐만 아니라 하나님의 떠나지 않는 그 힘으로 인해, 야곱은 평생을 살아가는 동안 은혜를 경험하며 살았습니다. 야곱은 할아버지의 꿈 안에서 부르심을 받아 아버지의 꿈에 참여하고, 자기가 만난 하나님으로 인해 약속하신 땅에 참여하고, 나중에는 아들 요셉의 꿈에 초대받아 떠나지 않는 하나님의 은혜를 경험하기도 했습니다.

우리도 마찬가지입니다. 세상이 어떤 곤고함과 혼란을 만들어낸다고 할지라도, 가장 힘든 그곳에서 우리를 떠나지 않는 하나님의 힘을 경험하게 되기를 축복합니다.

묵상하고 자유하기

내용을 읽고 아래의 물음에 대한 나의 생각을 정리해보세요.

Q. 하나님이 나와 함께하신다는 사실을
언제 알게 되었나요?

사랑을 언약으로 보여주시고 언제나 자기희생으로
자신의 사랑을 이루신 하나님의 은혜가 끝까지
나를 인도하심을 증거하는 삶을 살기를 원한다

떡을 살피기보다 나를 살피는 삶을 살아가며,
나를 위한 묵상이 아닌 주님의 십자가를 묵상하는
삶을 살기를 소망한다

십자가를 가슴에 품고 매일 감사함으로 살아가며
구원의 감격을 잊지 않아야겠습니다

영원한 하나님의 만찬의 자리에 참여하여
주님을 기념하게 하여 주심에 감사하다

시작을 선포하신 만찬, 그 떡과 포도주는 예수
그리스도의 십자가로 투영되어야 효력이 있음을 깨달았다

첫 번째 만찬

고린도전서 11장 23-26절

세계적인 투자 전문가 워런 버핏은 남들에게 없는 자기만의 투자 원칙을 가지고 있습니다. 그 첫 번째 원칙이 '돈을 절대로 잃지 말라'는 것입니다. 그리고 두 번째 원칙은 '철저하게 첫 번째 원칙을 지키라'는 것입니다. 누구나 생각할 수 있는 원칙을 가지고 평생을 살았다는 것이 놀랍습니다.

돈을 잃지 말라는 말은 단순하게 보이지만 어떤 사람에게는 제일 힘든 것이기도 합니다. 그런데 이 말에는 작은 것을 잃어버리더라도 큰 것은 잃지 말라는 것이 포함되어 있다고 합니다. 작은 것을 잃어버리며 준비되고 훈련받아야, 큰 것을 지켜갈 수 있다는 말입니다.

사람들은 새벽형 인간이 되겠다고 결단하기도 합니다. 새해가 되면 누구나 그런 결단 정도는 한 번씩 하며 삽니다. 그런데 아침에 일찍 일어나는 것은 생각보다 쉽지 않습니다. 누군가는 20년째 일찍 일어나기를 바라지만 여전히 쉽지 않다고 합니다.

아침에 일찍 일어날 수 있는 비밀은 저녁에 일찍 자는 것입니다. 저녁에 일찍 자야 한다는 사실을 놓치고 지금도 일찍 일어나는 것을 꿈꾸며 살아간다면 그것은 무너지는 꿈이 될 수밖에 없습니다. 작은 것을 잃어버리는 훈련이 있어야 큰 것을 지키기 때문입니다. 일찍 자야 아침 일찍 일어날 수 있습니다.

여기서는 고린도전서를 통해 성찬을 살펴보면서 우리가 분별하고 살아야 하는 은혜에 대하여 말씀을 묵상해 봅시다.

십자가를 바라보게 하는 떡

"축사하시고 떼어 이르시되 이것은 너희를 위하는 내 몸이니 이것을 행하여 나를 기념하라 하시고"(고전 11:24).

바울은 예수님이 잡히시던 밤에 있었던 일들에 대하여 말씀합니다. 주님은 제자들과 유월절 어린양을 쓴 나물과 같이 먹는 자리에서 떡을 떼어 축사하신 후 제자들에게 떼어 주시면서, 그것을 자신의 몸이라 하시고 그것을 기념하여 예수님 자신을 기념하라고 하셨습니다. 이렇듯 성찬은 주님을 기념하는 시간입니다.

예수님은 이 땅에서 사시는 동안 제자들과 함께 여러 번 식사하셨습니다. 유월절에 예루살렘으로 올라가셔서 제자들과 만찬을 나누신

은혜에 꽉 잡힌 인생

것도 벌써 세 번째입니다. 처음에는 제자들과 함께 올라가 유월절 양과 누룩 없는 떡을 드셨습니다. 그때는 "이것은 내 몸이다"라는 말씀을 하지 않으셨습니다. 그런데 본문에서는 '이것은 내 몸'이라고 말씀하십니다.

주님은 제자들과 함께 계시는 동안 여러 번 축사하시면서 그들과 떡을 드셨습니다. 가장 최근에 있었던 일이 바로 오병이어입니다. 유월절에 예루살렘으로 올라가는 한 소년의 물고기 두 마리와 보리떡 다섯 개를 두고 하늘을 우러러 축사하셨습니다. 그리고 5천 명이 먹는 기적을 만들어내셨습니다. 그런데 주님은 5천 명이 먹은 그 떡을 내 몸이라고 하지는 않으셨습니다. 그것은 기적입니다. 상상할 수 없는 일들이 일어난 것입니다. 그렇지만 그것이 주님의 몸은 아니었습니다.

또한 주님은 세리 삭개오의 집에서 제자들과 함께 식사하신 적이 있습니다. 세리 부자의 집에서 식사하시면서 기름진 음식을 앞에 놓고 하나님께 감사하고 축사하셨지만, 그것을 내 몸이라고 하지는 않으셨습니다. 그보다 귀한 것을 드신 적도 있습니다. 그보다 많은 것을 드신 적도 있고, 그보다 더 맛있는 것을 제자들과 함께 드신 적도 있습니다. 그러나 주님은 그것을 내 몸이라고 하지 않으셨습니다.

주님은 그분을 배반하고 갈릴리에서 물고기를 잡고 있던 제자들에게 나타나셔서 그들을 위해 친히 떡을 구우셨습니다. 그분이 친히 만드셨습니다. 베드로에게는 '네가 나를 사랑하는지' 물으셨고, 베드로는 주님을 사랑한다고 세 번이나 고백했습니다. 그런데 신기하게도 주님은 그날 먹은 그 떡도 내 몸이라고 하지 않으셨습니다. 오직 잡히시기 전에 드셨던 그 떡을 '너희를 위한 나의 몸'이라고 하시고, 다시 오시는 그날까지 주님을 기념하라고 하셨습니다. 왜냐하면 이날 저녁에 먹은 떡은 십자가에서 자기 몸을 찢으신 주님의 사랑을 기억하는 떡이었기 때문입니다.

그날의 십자가가 있었기에 그 떡이 주님의 몸이 될 수 있었습니다. 그날의 십자가가 있었기에 우리는 성찬을 통해 주님을 기억합니다. 그 떡이 주님의 몸이 될 수 있었던 것은 십자가 때문이었습니다. 십자가에서 자기 자신을 내어주신 주님의 몸을 상징하는 떡입니다.

적어도 그 떡은 물이 변하여 포도주가 된 것과 같이 주님의 몸으로 변한 것은 아닙니다. 주님의 몸으로 변하지도 않았고 작년에 먹었던 그 떡과 똑같은 떡입니다. 그러나 그것이 주님의 몸이 될 수 있었던 것은 오직 그날 십자가가 거기에 있었기 때문입니다.

그러므로 우리가 십자가에서 자기 몸을 찢으신 주님의 사랑 안에서 그 떡을 바라보기를 바랍니다. 떡이 변하는 것이 아니라 우리의 마음이 변하는 것입니다. 떡이 달라지는 것이 아니라 떡을 바라보는 우리의 마음이 달라지는 것입니다.

은혜에 꽉 잡힌 인생

옛 언약을 완성하는 잔

"식후에 또한 그와 같이 잔을 가지시고 이르시되 이 잔은 내 피로 세운 새 언약이니 이것을 행하여 마실 때마다 나를 기념하라 하셨으니" (고전 11:25).

주님은 제자들에게 잔을 나눠주시며 주님의 피로 세운 새 언약이라고 선언하시고, 주님이 다시 오실 그때까지 주님을 기념하라고 하십니다.

주님은 제자들과 함께 식사하실 때마다 수없는 잔을 드셨습니다. 이전에 유월절에도 제자들과 함께 잔을 드셨습니다. 가나 혼인 잔치에서는 물이 변하여 포도주가 되는 기적을 보이셨고 그곳에 있던 사람들은 놀랐습니다. 예수님의 어머니도 놀랐습니다. 사람들은 포도주가 더 좋은 것이어서 칭찬하기에 바빴습니다. 그런데 예수님은 사람들이 좋아하고 기뻐한 기적의 포도주를 가지고 내 피라고 하지 않으셨습니다. 오직 그날 밤에 함께 나누신 그 잔을 내 피라고 하시고, 그 잔을 마실 때마다 주님을 기념하라고 하셨습니다. 이유는 오직 하나, 십자가 때문이었습니다.

주님은 제자들에게 나누어주는 잔이 새 언약의 잔이라고 선언하십니다. 새 언약이라고 하신 이유는 옛 언약이 있었기 때문입니다. 창세기에서 하나님은 아브라함과 언약을 맺으셨습니다. 그것이 옛 언약입니다. 소를 잡아서 각을 뜨고 단 양쪽으로 제물을 벌려놓고 언약의 당사자들이 쪼갠 고기 사이로 지나가는 것이 언약의 체결 방식이었습니다. 그렇다면 하나님과 아브라함이 쪼갠 고기 사이로 지나가는 일만 남았습니다. 만약 언약이 체결된 후 언약을 지키지 못하면 언약의 당사자들은 쪼갠 고기처럼 자기를 찢어야 했습니다.

그러나 신기하고 놀라운 것은, 창세기 15장은 그날을 이렇게 증언하고 있습니다. "해가 져서 어두울 때에 연기 나는 화로가 보이며 타는 횃불이 쪼갠 고기 사이로 지나더라"(창 15:17). 옛 언약에서는 그분이 쪼갠 고기 사이로 지나가셨습니다. 언약의 책임을 아브라함에게 묻지 않으시고 모든 것을 책임지기를 원하셨던 옛 언약의 하나님이 쪼갠 제물 사이로 지나가셨습니다. 그것이 하나님의 사랑이었습니다.

본문에서 주님은 옛 언약을 체결하실 때 여호와의 횃불이 쪼갠 고기 사이로 지나가신 것과 같이, 그날 밤에 자기 몸을 찢어서 새 언약을 체결하시고 하나님의 사랑을 십자가에서 증명하기를 원하셨습니다. 이렇듯 십자가는 그날 쪼갠 제물 사이를 지나가시는 하나님의 선택이었습니다.

구약에서는 하나님이 아브라함과 언약을 체결하실 때 왜 여호와의 횃불이 제물 사이를 지나가게 되었는지 알지 못했습니다. 그러나 그분의 아들이 우리 가운데 찾아오셔서 십자가에 자기를 내어 주실 때에야 비로소 그것이 하나님의 자기희생이라는 것을 알게 되었습니다. 그렇기에 예수님이 말씀하신 이 잔은 옛 언약을 취소하는 것이

은혜에 꽉 잡힌 인생

아니라 옛 언약을 완성하는 새 언약이었습니다.

우리는 성찬에 참여할 때마다 언제 약속하셨더라도 그 모든 것을 성취하시는 전능하신 하나님을 기억해야 합니다. 자기 약속을 돌아보는 것이 아니라 하나님의 약속을 돌아보는 것입니다. 또한 하나님이 자기 약속을 지키시기에 우리의 약속도 지켜갈 수 있습니다.

우리가 기억해야 하는 것

"너희가 이 떡을 먹으며 이 잔을 마실 때마다 주의 죽으심을 그가 오실 때까지 전하는 것이니라"(고전 11:26).

주님이 다시 오실 때까지 우리가 전하고 살아야 하는 것이 무엇인지 분명해졌습니다. 그것은 바로 그분이 우리를 위하여 죽으셨다는 사실입니다. 주님이 그날 먹은 떡을 내 몸이라고 하신 것은 십자가 때문이었습니다. 알고 보니 이 만찬은 최후의 만찬이 아니라 첫 번째 만찬이었습니다. 최후의 만찬은 지난번 유월절 만찬이었습니다. 이날 밤 만찬은 십자가를 바라보는 첫 번째 만찬이었습니다. '이것은 내 몸'이라고 선언하신 첫 번째 만찬이었습니다. 그런데 누가 이것을 최후의 만찬이라고 했을까요?

주님이 다시 오시는 그날까지 우리가 기억해야 하는 것은 그분이 우리를 위하여 십자가에서 죽으셨다는 사실입니다. 주님은 떡을 나누시면서도 나를 기념하라고 하셨고, 잔을 나누시면서도 나를 기념하라고 하셨습니다. 그렇기에 그 떡과 잔은 주님의 몸을 기념하고, 주님의 피를 기념하고, 주님의 십자가를 기념하는 것입니다. 우리의 유일한 고백은 그분이 우리를 위하여 십자가에서 죽으셨다는 사실입니다.

십자가를 묵상하는 삶

"사람이 자기를 살피고 그 후에야 이 떡을 먹고 이 잔을 마실지니" (고전 11:28).

그런데 우리가 혼란스러운 것은 28절입니다. 주님이 "자기를 살피고"라고 하셨다고 해서, 자꾸만 떡을 잡고 자기를 살피려고 하는 사람들이 있습니다. 여기서 자기를 살피라는 것은 자기 자신이 누구인지 정확하게 이해하라는 것입니다. '나는 예수 그리스도의 십자가로 구원받은 사람'이라는 자기 정체성을 살피고 그 믿음으로 이 떡에 참여하라고 하신 것인데, 이 말을 오해하고 자꾸만 자기 죄를 돌아보는 사람이 있습니다.

주님은 떡을 대할 때마다 그분을 기념하라고 하셨습니다. 그런데 사람들은 자기의 구원을 기념하려고 합니다. 구원의 확신이 있는지 묻기도 하고, 잘 살았는지 따지기도 하고, 자기감정이 어떤지 물으며 우리를 위하여 자기 몸을 내어주신 주님의 사랑을 놓쳐버립니다. 그러면 그것은 결국 자기를 묵상하고 자기를 먹고 마시는 것이 될 수밖에 없습니다.

예수님이 나의 죄를 대신하여 십자가에서 죽으신 것을 믿습니까? 그렇다면 성찬의 떡을 대할 때마다 주님을 기념해야 합니다. 그분이 우리를 위하여 십자가에서 피를 쏟으시고 그로 말미암아 내가 천국에 들어갈 것을 믿습니까? 그렇다면 자기 자신을 묵상하지 말고, 십자가를 묵상하기를 바랍니다. 그분이 우리를 위하여 십자가에서 죽으셨습니다.

묵상하고 자유하기

내용을 읽고 아래의 물음에 대한 나의 생각을 정리해보세요.

Q. 예수님이 나의 죄를 위해 십자가에서 죽으심을
생각할 때 어떤 마음이 드나요?

흠이 없는

부족함이 없는

2장

완전하심

나의 느낌과 직감을 버리고
하나님이 항상 자비와 긍휼을 베푸심을 신뢰하면서
말씀을 붙잡고 은혜를 사모하며 살아가야겠다

화폐로 이해하면 왠지 불공평한데
하나님의 열심으로 이해하니 공평한,
그리스도의 십자가를 바라보게 하는 한 데나리온!

모두에게 한 데나리온을 약속하신 하나님이
아브라함과 똑같은 구원을 베푸시고
우리를 친구라 부르신 것에 감사하자

하나님은 약속하신 모든 것을 반드시 이루시는 분이다

한 데나리온

마태복음 20장 1-3절

구글이라는 기업은 데이터베이스를 이용하는 것으로 유명합니다. 철저하게 데이터에 의존합니다. 그렇기에 그들은 절대로 믿어서는 안되는 것이 직관이라고 합니다. 구글의 데이터 책임자로 있던 사람은 이렇게 말했습니다. "우리는 신을 믿는다. 신이 아닌 사람들은 모두 데이터를 가져와야 한다."

그들은 이메일 하나를 보낼 때 바탕색을 무엇으로 할 것인가를 놓고 치열한 데이터 작업을 거쳤는데, 무려 푸른색만 41가지였다고 합니다. 서로 묻고 또 물으면서 그중 어느 것이 제일 좋은 것인지를 찾아간 것입니다. 그곳에서는 어떤 한 사람이 그냥 좋아 보여서 그것으로 하자고 해본 적이 없습니다.

그렇다면 모든 것을 데이터로 점검하면 완벽한 것을 만들어낼 수 있을까요? 사람들이 선호하는 것이 무엇인지 아는 것에는 틀림없이 도움이 될 것이라고 확신합니다. 그러나 구글은 모든 것을 가지기를 원한 것도 아니고 많은 사람이 원하는 것이 무엇인지를 찾은 것도 아니었습니다. 단지 푸른색 32번을 23퍼센트가 좋아했기에 선택한 것입니다. 또한 각자가 좋아하는 색이 다 다른데 그것을 버려두고 푸른색 32번을 선택해야 하는 것은 그것이 돈이 되기 때문입니다. 예를 들면, 붕어빵을 만들 때 밀가루에 색을 입혀서 빨간 붕어빵을 만들었는데 사람들이 좋아하면 빨간 붕어빵을 더 많이 만들고 싫어하면 안 만드는 것과 같습니다.

여기서는 마태복음을 통해 사람들이 좋아하는 것과 구별하여 그분이 원하시는 것을 만들어 가시는 하나님 나라에 대하여 묵상해 봅시다.

하나님의 열심

"천국은 마치 품꾼을 얻어 포도원에 들여보내려고 이른 아침에 나간 집 주인과 같으니"(마 20:1).

하나님 나라는 언제나 하나님으로부터 시작합니다. 본문도 일꾼들을 찾는 주인의 이야기로 시작됩니다. 사람들이 일자리를 찾고 있다가 어디선가 포도원 주인을 만났다고 하지 않습니다. 사람들이 기웃거리며 일자리를 찾아보려고 포도원에 들어온 것이 아니라는 말입

은혜에 꽉 잡힌 인생

니다. 하나님이 먼저 시작하셨습니다. 구원은 언제나 하나님으로부터 시작하는 것임을 이렇게 설명하고 있습니다.

주인은 이른 아침에 거리로 나가서 일할 수 있는 사람들을 찾았습니다. 이것은 주인의 생각이었습니다. 아침 6시에 그곳으로 가면 일하고 싶어서 기다리는 사람들이 있다는 것을 알았습니다. 일꾼들은 목마른 사람들이었습니다. 열심을 다해 살고 싶어 하는 자들이었습니다. 그런 그들을 하나님이 먼저 부르십니다. 2절에서 주인은 하루에 한 데나리온을 품삯으로 주기로 하고, 그들을 자기 농장으로 부릅니다.

하나님은 언제나 자기 백성들에게 자비와 긍휼의 손길로 찾아오시는 분입니다. 베드로는 바닷가에서 주님을 처음 만났을 때, 자기 그물을 버려두고 주님을 따랐습니다. 운명처럼 주님을 만났습니다. 그는 저항하지도 않았고, 따지지도 않았고, 계산하지도 않았습니다. 그분이 부르시니 그것이 인생의 전부인 줄 알고 따르는 것이 구원이었습니다.

그렇다면 일꾼들을 찾기 위해 이른 아침에 거리로 나가는 주인과, 일거리를 찾기 위해 거리에서 기웃거리는 사람 중 누가 더 부지런할까요? 사람들은 자기가 더 부지런한 것처럼 생각합니다. 인생의 문제를 해결하기 위해 여기저기 기웃거리며 살았다고 주장하는 사람들도 있습니다. 그들은 새벽밥을 먹고 나와 이른 아침부터 누구보다 인생을 열심히 살았다고 주장하고 싶어 합니다. 아침에 일찍 일어나서 열심히 부지런히 살았더니 인생에서 성공을 만났다고 이야기하고 싶은 것이 사람의 마음입니다.

예수님은 비유를 통하여 사람들이 가지는 열심보다 하나님의 열심이 더 크다는 것을 증명하시고자 했습니다. 그분은 이른 아침부터 열심히 일하는 주인이었습니다. 그 집에는 청지기도 있고, 하인들도 있고, 농장의 일꾼들도 있었습니다. 주인은 그들 중 누군가를 보내어 일꾼을 불러오라고 할 수도 있었습니다. 그러나 이 포도원 주인은 다른 주인들과 다른 점이 있었습니다. 그것은 바로 자기가 직접 이른 아침에 나가 일꾼들을 찾았다는 것입니다.

그뿐만이 아닙니다. 주인은 아침 9시에도 나가서 일할 사람들을 찾았고 낮 12시에도 나가서 찾았습니다. 언제나 사람들을 구하는 일에 관심이 많았습니다. 또 이 주인은 다른 주인들과 다르게, 그들이 언제 부름을 받았든지 모두 똑같이 한 데나리온을 주겠다고 했습니다.

일반적으로 일을 제일 잘하는 사람은 먼저 불려 갑니다. 일을 잘한다는 것은 언제든지 불려 갈 수 있다는 것입니다. 그래서 똑같은 일을 하더라도 잘하는 사람들은 수첩에 빼곡한 스케줄을 가지고 살아갑니다. 아침 6시에 길거리에 서 있지 않습니다. 그들은 이미 예약된 농장에서 일합니다.

본문에 등장하는 주인은 일을 잘하는 사람보다 자기 삶을 스스로 살아낼 수 없는 사람들에게 관심이 더 많아 보였습니다. 그래서 아침 9시에도 불려 가지 못한 사람들에게 한 데나리온을 약속하고 일할 수 있는 기회를 주었습니다. 또 낮 12시가 되어서도 빈둥대고 있는 사람들에게 같은 것을 약속했습니다. 심지어 오후 5시에도 길거리에 나가서 더 많은 사람에게 기회를 열어주려고 하는 것이 주인의 마음이었습니다.

이 주인의 마음을 신뢰할 수 있기를 바랍니다. 우리는 하나님을 믿습니다. 하나님의 직관을 믿는 것이 아니라 한 영혼이라도 더 구원하기 위하여 오후 5시 마지막 순간까지 일하시는 하나님을 믿습니다. 성경은 오후 5시가 되어서도 거리를 다니며 한 영혼이라도 더 구원받을 수 있다면 그 한 사람을 구원하는 것에 훨씬 더 관심이 많은 분이 하나님이심을 설명하고 있습니다.

그러므로 이 비유는 한 데나리온을 받는 사람들의 이야기가 아닙니다. 한 데나리온을 약속하시고, 그 약속하신 것을 모든 사람에게 축복으로 나눠주시기 위하여 오늘도 일하고 계신 주인의 이야기입니다. 이 주인은 아침 6시에 불렀든지, 오후 5시에 불렀든지 동일하게 약속하신 것을 다 이루시는 하나님입니다.

그런데 다른 곳에서 문제가 생기고 맙니다. 그것은 먼저 온 사람들의 직관 때문이었습니다.

아직 죄인 되었을 때 사랑하신 하나님

"먼저 온 자들이 와서 더 받을 줄 알았더니 그들도 한 데나리온씩 받은지라"(마 20:10).

여기서부터 본문이 좀 이상하게 돌아갑니다. 일꾼들이 "길거리에서 일할 기회를 찾지 못하고 있는 가운데 주인을 만난 것은 모두 하나님의 은혜입니다"라고 말했다면 참 좋았을 텐데, 그중 어떤 사람들의 직관이 하나님을 곤란하게 만들었습니다.

성경은 먼저 온 자들이 더 받을 줄 알았다고 표현합니다. 그런데 저녁이 되고 정산하는 시간이 되었을 때, 주인은 청지기에게 말하여 하루에 한 데나리온을 주기로 했으니 모든 일꾼에게 한 데나리온을 주라고 합니다.

여기서 재미있는 점은, 주인이 나중에 온 사람들부터 품삯을 주었다는 사실입니다. 하나님의 말씀에는 이런 극적인 장면들이 있습니다. 아침에 온 사람들부터 차례대로 주고 돌려보냈다면 별다른 문제가 생기지 않았을 것 같은데, 주인은 나중에 온 사람들에게 먼저 주기를 원했습니다. 하나님은 그분의 사랑이 무엇인지를 보여주고 싶으셨습니다.

하나님은 이런 분입니다. 마지막 한 시간을 남겨놓고 부르심을 받아도 그분이 약속하신 것은 동일한 구원이라는 것을 증명하고 싶으셨습니다. 아브라함으로 부르심을 받아서 창세기에 기록되었든지, 모세로 부르심을 받아서 출애굽기에 기록되었든지, 베드로로 부르심을 받아서 마태복음에 기록되었든지, 21세기 마지막 종말의 세상에서 부르심을 받아 하나님 나라에 참여하게 되었든지 하나님이 하시는 것은 동일한 것이었습니다.

그렇다면 여기서 하나님을 향하여 원망하고 불평하는 사람들은 언제 부르심을 받았을까요? 아침 6시일까요? 아니면 12시, 오후 3시 그리고 오후 5시일까요? 제가 가진 편견으로는 아침 일찍 부르심을 받은 사람들은 별다른 말이 없었을 것 같아서 그들은 처음부터 부지런했을 것이라고 전제하고, 아마도 12시나 오후 3시 정도에 부르심을 받은 사람들이 불평하지 않았을까 생각합니다. 하지만 다시 보아도 본문은 별다른 것을 말씀하지 않습니다. 조금 실망스러웠지만 제 편견대로 기록되어 있지 않은 것이 다행입니다.

바로 앞 장인 마태복음 19장 27절에서 베드로도 예수님께 이런 질문을 했습니다. "이에 베드로가 대답하여 이르되 보소서 우리가 모든 것을 버리고 주를 따랐사온대 그런즉 우리가 무엇을 얻으리이까." 이것이 베드로만의 마음일까요? 사람은 누구나 이런 일에서 시험을 만나기도 합니다. 다소 억울한 것도 사실입니다. 온종일 일한다는 것이 누구에게는 손해처럼 느껴질 수도 있습니다.

하지만 우리는 하나님이 우리에게 약속하신 것이 무엇인지에 늘 집중하며 살아야 합니다. 그날 베드로가 만난 것은 빈 그물이었습니다. 그가 세상에서 잘 나갈 때 예수님을 만난 것이 아닙니다. 우리의 현주소는 언제나 정확합니다. 처음 부르심을 받을 때 우리는 스스로 자기를 구원할 수 없는 자들이었습니다.

우리는 자주 자기가 배에 가득한 물고기를 버려두고 주님을 따른 것처럼 오해합니다. 하나님은 우리가 세상에 대하여 실패자로 살아가고 있을 때 찾아와 주셨습니다. 우리가 아직 죄인 되었을 때 주님이 우리를 먼저 사랑하셨습니다. 대단한 인생을 살다가 주님을 만난 것이 아닙니다. 그때나 지금이나 대단한 인생을 사는 사람들은 한 데나리온에 관심이 없습니다. 그들은 언제나 자기가 원하는 것을 찾아 동분서주하며 살아갑니다.

그러므로 우리가 아직 죄인 되었을 때 우리를 사랑하신 하나님의 사랑을 붙잡기를 소망합니다. 그래야 우리에게 평강이 있습니다.

자비와 긍휼

"주인이 그중의 한 사람에게 대답하여 이르되 친구여 내가 네게 잘 못한 것이 없노라 네가 나와 한 데나리온의 약속을 하지 아니하였느냐"(마 20:13).

그러자 주인이 그에게 뭐라고 말씀하는지를 잘 보아야 합니다. 우선 제일 감동이 되는 것은, 하루 동안 같이 일한 그 사람을 친구라고 불러주는 것입니다. 불과 몇 시간 전까지만 해도 그들은 노동자와 주인 관계였습니다. 이전을 살던 우리는 하나님이 없는 세상에서 자기가 주인인 세상을 살았는데, 이제 하나님이 친구라고 불러주시는 자리에 서 있는 것입니다. 이것은 기적입니다.

하나님은 자비와 긍휼이 무궁무진하신 분입니다. 하나님의 아들이 육신의 몸을 입고 우리 가운데 찾아오셔서 친히 비유로, 삶으로, 말씀으로 가르쳐주심을 통해 우리가 드디어 하나님의 자비에 대하여 알게 되었습니다. 그분은 진노하지 않으시는 하나님이셨습니다. 자기를 향하여 원망하고 불평하는 자들에게 친구라고 불러주시는 하나님이셨습니다. 자기 아들을 십자가에 내어주시고 나 같은 죄인을 구원하기를 원하시는 것이 하나님의 사랑이었습니다. 그것이 감사할 따름입니다.

우리가 확신하고 살아가야 하는 것은 하나님의 자비와 긍휼입니다. 우리는 무엇을 믿습니까? 하나님의 자비와 긍휼을 믿습니다. 교회를 다니면서 무엇을 믿는지 우리에게 물을 때마다 우리가 자랑하고 살아야 하는 것은 하나님의 자비와 긍휼입니다. 하나님의 자비와 긍휼을 신뢰할 수 있기를 소망합니다. 하나님의 자비와 긍휼은 아침 일찍 온 사람에게도 한 데나리온, 한 시간 전에 온 사람에게도 한 데나리온을 주시는 것입니다.

저는 모태신앙으로 부르심을 받은 것에 대해 한 번도 원망해 본 적이 없습니다. 지금도 감사한 것이 '아는 것이 아무것도 없던 내가 어떻게 매주 교회를 갔을까' 하는 것입니다. 공부를 잘하지 못해도 개근하고 살아가는 것이 기적이고 은혜였습니다.

마찬가지입니다. 아이들이 좀 모르면 어떻습니까. 아이들이 알면 얼마를 알아야 합니까. 무슨 대단한 확신이 있어야 하고, 꿈이 있어야 하고, 비전이 있어야 하고. 그런 것에 속으면 안 됩니다. 아이들은 그냥 아이로 사는 것입니다. 보이는 것이 그만큼인데 그 나이에 무엇을 더해야 우리를 만족시킬 수 있을까요. 그것은 사람의 느낌일 뿐입니다. 하나님이 함께하십니다. 하나님의 약속이 성취되는 곳에 구원이 있습니다. 본문도 그렇게 말씀합니다. 포도원에 일찍 들어온 사람이 아침을 먹은 것도 은혜이고, 오후 5시에 들어온 사람이 먹어보지 못한 점심을 먹은 것도 은혜라고 합니다.

포도원 주인은 더 많은 것을 수확하고 싶은 욕망에 사로잡힌 사람이 아니었습니다. 그러니 생각해 보면, 일꾼들에게는 아침에 들어온 이후로 이 농원에 있는 것 자체가 행복이었습니다. 이렇듯 우리도 이 포도원에서 평생을 일하며 하나님이 만들어주시는 풍요를 경험하게 되기를 축복합니다.

은혜에 꽉 잡힌 인생

묵상하고 자유하기

내용을 읽고 아래의 물음에 대한 나의 생각을 정리해보세요.

Q. 하나님의 뜻이 아닌 나의 원칙이나 기준은
무엇이 있나요?

은혜 미리보기

잃어버리는 것이 있기에 살아가는 그 삶이
지혜로울 수 있는 것이라고 말씀하신다

뿌려질 곳을 가리지 않고 소망을 품으며
씨 뿌리시는 농부 하나님이
입가에 미소를 가득 머금고 계심이 상상된다

인생이 만들어 낸 수많은 절망 앞에서
소망으로 씨 뿌리는 사람이 되기를

메마른 삶 속에 있더라도 구별하지 않으시고 늘 풍성한
열매를 맺게 해주시는 하나님께 감사하며 살아갑니다

씨 뿌리는 자의 행복

누가복음 8장 5-8절

사람들은 엉뚱한 곳에 보관해 놓은 물건을 찾는 데 1년에 무려 76시간을 허비한다고 합니다. 그런가 하면 자기가 중요하다고 생각하는 것을 보관하거나 저장하는 데 자기 일에 26퍼센트를 사용하지만, 자기가 보관한 중요한 자료 중에 실제로 다시 찾아서 사용하는 것은 56퍼센트밖에 되지 않는다고 합니다.

우리가 지식을 구하기 위해서는 무언가를 조금씩 더해야 하고, 지혜를 구하기 위해서는 가지고 있는 것 중에 버리는 훈련을 해야 한다고 합니다. 그렇다면 우리는 무엇을 버리고, 무엇을 더하며 살아야 할까요?

그뿐만이 아닙니다. "10년 후의 세상은 어떤 세상이 될까요?"라는 질문에 대하여 스스로 답을 찾고 싶다면 거창하고 복잡하게 묻지 말고, 구체적이고 실제적인 것이 어떻게 변하는지 추적하는 훈련을 하라고 합니다. 이것은 지구에 이산화탄소가 많아지면 지구온난화는 어떻게 진행될지 묻지 말고, 지금 신고 있는 신발을 10년 뒤에도 신을 수 있을지 질문하라는 것입니다. 지구온난화로 고무나무가 다 말라버리면 여전히 고무로 된 신발의 밑창을 구할 수 있을까요? 고무는 잘 모르겠지만 왠지 신발은 여전히 있을 것만 같은 생각이 들기도 합니다.

여기서는 누가복음의 말씀을 통해 우리의 인생 가운데 열매를 맺게 하시는 하나님의 은혜에 대하여 묵상해 봅시다.

씨를 뿌리러 나가시는 하나님의 행복

"씨를 뿌리는 자가 그 씨를 뿌리러 나가서 뿌릴새 더러는 길 가에 떨어지매 밟히며 공중의 새들이 먹어버렸고"(눅 8:5).

본문은 예수님이 제자들에게 하나님 나라를 설명하시면서 비유로 말씀하신 내용을 담고 있습니다. 예수님은 하나님 나라를 마치 밭에 씨를 뿌리는 것과 같다고 하시며, 그 밭에서는 결국 100배의 열매를 거두게 될 것이라고 말씀하십니다. 그런데 우리는 이 말씀을 읽으며 100배의 열매가 보이기보다는, 공중의 새가 보이고 가시덤불이 보이고 메말라 버린 삶의 어두운 그림자가 먼저 보이는 것이 사실입니다.

씨를 뿌리는 자는 자기 밭에 나가서 소망 중에 씨를 뿌립니다. 그

은혜에 꽉 잡힌 인생

소망이란, 씨를 뿌리면 그중에 어떤 것들이 자라나서 열매를 맺으리라는 것입니다. 이러한 소망 중에 씨를 뿌려야 하는데, 전적으로 타락한 본성으로 사는 사람들에게는 쉬운 일이 아닙니다. 그래서 농부가 씨를 뿌려서 열매를 거두는 것은 늘 기적 같은 일이었습니다. 그리고 그 농부가 씨를 뿌리는 밭은 사람이 지나다니는 길인지, 밭인지 잘 구별되지 않는 곳이었습니다.

프랑스 화가 장 프랑수아 밀레가 그린 〈씨 뿌리는 사람〉이라는 그림을 보면 씨를 뿌리고 있는 밭이 척박합니다. 적어도 이 밭은 정리가 잘된 그런 곳이 아닙니다. 또 그림을 보면 어두움의 그림자가 밀려오고 있습니다. 씨를 뿌리는 자의 행복 같은 느낌보다, 평생 씨를 뿌렸지만 한 번도 열매를 거둬 본 적이 없는 것 같은 삶의 무게가 느껴지기도 합니다. 씨 뿌리는 자의 눈물이 보이는 그림입니다.

본문에서 예수님이 설명하신 밭도 잘 정리된 곳이 아니었습니다. 농부는 비탈길에 겨우 밭을 만들어서 씨를 뿌리고 살아야 하는 삶을 반복하며 살아갔습니다. 농기계로 땅을 깊이 기경해 본 적이 없습니다. 밭 한가운데 커다란 돌이 하나 있어서 평생 옮겨보려고 했지만 그 돌은 옮겨지지 않았습니다. 그러니까 예수님이 이 비유로 말씀하실 때의 밭은, 돌짝밭이 따로 있고 길가에 밭이 따로 있고 문전옥답이 따로 있는 것이 아니었습니다.

고대 근동의 모든 밭에는 좋은 땅 옆에 자갈이 있고 또 그 옆에는 어떤 사람들이 지나다닌 발자국이 있었습니다. 그래서 씨 뿌리는 자는 옥토만 골라서 거기에 씨를 뿌리는 것이 아니라 척박한 자기 밭에도 씨를 뿌리며 살아가야 했습니다.

씨 뿌리는 자를 하나님이라고 본다면 하나님은 세상에 좋은 곳, 준비된 곳, 준비된 영혼, 예수 믿을 만한 마음에만 씨를 뿌리시는 것이 아닙니다. 자기 백성들이 아직 죄인 되었을 때 찾아가셔서 그 마음에 돌이 있든지, 걸림돌이 있든지, 아니면 메마를 수밖에 없는 삶의 조건을 가지고 있더라도 그들에게 씨를 뿌리십니다. 이것이 하나님의 은혜라고 말씀합니다.

하나님은 마음에 뿌려진 씨앗이 인간의 어떤 염려로 인하여 잘 자라지 못할 수 있다는 것을 이미 아셨습니다. 밭을 보는 순간 어떤 밭은 옥토가 아니라는 것을 다 아시면서도 씨를 뿌리는 것이 씨 뿌리는 자의 행복이었습니다.

만약 하나님께서 사람들이 자기 마음을 옥토로 만들어 올 때까지 기다렸다가 만들어진 후에 씨를 뿌릴 것이라고 하셨다면, 하나님은 영원히 씨 뿌리는 자의 행복을 만나기 어려우실 수 있습니다. 왜냐하면 사람은 스스로 자기 마음을 옥토로 만들 만한 능력을 가져본 적이 없기 때문입니다. 의인은 없나니 하나도 없습니다. 스스로 그럴만한 능력을 가져 본 적이 없습니다.

이와 마찬가지입니다. 자기 백성들이 준비되었을 때, 하나님이 그 때 찾아가서 출애굽하게 하겠다고 말씀하셨다면 이스라엘 백성들은 지금도 여전히 애굽에서 종으로 살았어야 합니다. 우리가 준비될 때 하나님이 일한다고 하셨다면 우리에게는 하나님을 만나는 것이 영원히 불가능한 일이라고 할 수 있습니다. 만약 인류가 하나님의 아들을 받아들일 만한 조건을 만든다면, 그때 예수님이 오셔서 내 백성들을 구원한다고 하셨다면 우리는 지금도 여전히 죄 가운데 있어야 합니다.

그러나 하나님은 우리가 아직 죄인 되었을 때 우리 안에 찾아오셨습니다. 그 안에 돌짝밭도 있고, 메마름도 있고, 척박하고, 상처투성이로 살아가는 까마득한 이 죄인 하나를 구원하시기 위하여 우리 가운데 자기 아들을 보내셨습니다.

하나님은 공중에 새가 있다는 것을 아셨습니다. 곳곳에 상처투성이로 살아가고 있는 척박한 환경이라는 것도 아셨습니다. 자기 백성들이 자신을 배척하리라는 것도 아셨고, 그중에 어떤 것들은 가시덤불처럼 하나님 나라를 방해하는 것이 있을 수밖에 없다는 것도 아셨습니다. 그럼에도 씨를 뿌리는 것이 씨 뿌리는 하나님의 행복이었습니다.

이러한 하나님의 행복을 경험하게 되기를 바랍니다. 이미 우리는 하나님의 행복을 경험한 사람입니다. 우리가 아직 죄인 되었을 때, 어떤 준비도 제대로 된 것이 없을 때 하나님이 우리를 사랑하셨다는 것을 아는 사람들입니다. 지금도 우리의 마음 깊은 곳에는 걸림돌이 있지만, 처음에는 그야말로 엉망진창이었습니다. 그랬던 우리가 이 정도 살아가는 것은 하나님의 축복입니다.

'더러는'의 은혜

"더러는 바위 위에 떨어지매 싹이 났다가 습기가 없으므로 말랐고"
(눅 8:6).

　씨 뿌리는 자의 행복은 밭의 상태가 어떠한지 다 알고 있음에도 씨를 뿌리는 것입니다. 예수님은 이것을 사명이라고 말씀하십니다. 그분은 우리 안에 들어오셨습니다. 우리 안에 있는 돌들에 대하여 별로 관심을 가지지 않으셨습니다. 공중에 권세 잡은 자들이 몇 개 정도 물고 가는 것에 대하여도 염려하지 않으셨습니다. 이미 다 알고 계셨습니다.

　본문에서 재미있는 것은 '더러는'이라는 단어입니다. 하나님의 말씀이 우리 안에 떨어지면 방해받는 것이 있습니다. 방해받는 것이 한둘이 아닙니다. 그러니까 그것은 더러는 방해받는 것이 아닙니다. 그런데 더 중요한 것은 전부도 아니라는 사실입니다. 더러는 말라버리는 것이 있고, 더러는 공중의 권세 잡은 자들에게서 잃어버리는 것이 있고, 더러는 가시덤불 속에서 잃어버리는 것이 있다고 할지라도 그 모든 것을 잃어버리지 않는 것이 하나님 나라의 비밀입니다.

　우리가 하나님의 말씀을 들으면 잃어버리는 것이 있습니다. 하나님은 잃어버리는 것이 당연히 있음을 인정하셨습니다.

　세상을 살아가는 동안 우리는 늘 하나님의 말씀대로 살아가는 데 방해되는 것들을 만나게 됩니다. 13절에서는 시련이 방해하고, 14절에서는 이생의 염려와 재물과 향락이 우리를 방해한다고 합니다. 그

　　　　　　　　　　　　　　　　　　　　　　　　은혜에 꽉 잡힌 인생

런데 농부는 다 알고 있었습니다. 이런 것들로 인하여 몇 개를 잃어버릴 것을 알았습니다.

그런데 만약 반대로 잃어버리는 것이 하나도 없었다면 나는 어떤 사람이 되었을까요? 잃어버리는 것 하나 없이 들은 말씀대로 사는 그것이 하나님이 원하시는 삶이냐고 묻는다면, 하나님은 오히려 잃어버리는 것이 있었기에 오늘날 우리가 있다고 말씀하십니다.

잃어버리는 것이 좋은 것은 아닙니다. 속상하고 힘들고 어려운 것이 사실입니다. 자기가 뿌린 씨를 까마귀가 물고 가는 것을 보면서 기분이 좋다고 하는 농부는 있을 수 없습니다. 그것은 속상한 일이고 절망할 만한 일이고, 때로는 모든 것을 포기하고 싶은 아픔이 되기도 합니다.

마찬가지로 말씀을 잃어버렸는데 그것으로 행복을 삼겠다고 할 수는 없습니다. 그래선 안 됩니다. 그렇지만 우리가 잊지 말아야 하는 것은, 더러는 그 하나 잃어버리는 것 때문에 모든 것이 사라지거나 하나님 나라가 무너지거나 우리의 구원이 취소되거나 포기할 수 있다고 오해하면 안 된다는 것입니다.

더하는 것이 지식이지만 잃어버리는 것도 인생에서 지혜가 되기도 합니다. 씨 뿌리는 그분이 이미 더러는 잃어버릴 것을 다 아시고 씨를 뿌렸다고 말씀하십니다. 그 하나님의 은혜를 붙잡아야 합니다.

열매 맺는 그 하나

"더러는 좋은 땅에 떨어지매 나서 백 배의 결실을 하였느니라 이 말
씀을 하시고 외치시되 들을 귀 있는 자는 들을지어다"(눅 8:8).

8절에서 놀라운 사실을 알게 됩니다. 좋은 땅에 떨어지는 것도
'더러는'이라는 것입니다. 모든 말씀이 다 열매를 맺지 못한다고 할지
라도 하나님 나라가 왕성한 것은 더러는 떨어진 그 씨앗 하나가 30배,
60배, 100배의 열매를 맺기 때문입니다.

우리는 실패한 일도 많고 절망하고 좌절하고 포기하고 살아온 것
도 많은데, 오늘도 여전히 구원이 은혜로 다가오는 것은 열매 맺는
것이 있기 때문이라고 말씀하고 있습니다. 공중의 새에게 하나를 잃
어버렸는데 모든 것을 잃어버린 것이 아니었습니다. 이생의 염려와
걱정에 빼앗기고 시련에 잃어버려서 남은 것이 하나도 없을 것처럼
걱정하고 두려워하며 살았는데, 더러는 좋은 땅에 떨어진 그 하나 때
문에 천을 이루고 만을 이루고 살아가는 것이 하나님 나라라고 말씀
합니다.

율법의 나라는 그런 나라가 아니었습니다. 야고보서 2장 10절에
보면 "누구든지 온 율법을 지키다가 그 하나를 범하면 모두 범한 자
가 되나니"라고 말씀합니다. 간음하지 않았어도 살인하면 율법을 범
하는 것이고, 살인하지 않았어도 간음하면 율법을 범한 것이 됩니다.
이는 너무나 당연한 말입니다. 살인한 것, 간음한 것은 작은 게 아닙

니다. 성경학자들은 통상적으로 성경에 등장하는 율법이 613가지 정도 된다고 합니다. 그런데 그중 하나가 무너지면 다 무너지는 것입니다.

사람들은 21세기를 캔슬 컬처(cancel culture)의 세상이라고 이야기합니다. 우리는 무관용의 세상을 살아갑니다. 모든 것을 뒤로 하고 하나만 걸려도 모든 것이 지워지는 세상을 두려워합니다. 지금까지 한번도 경험해 보지 못한 세상이라고 말하지만, 알고 보면 이런 율법의 세상은 이미 2천 년 전에도 있었습니다.

그런데 하나님 나라, 은혜의 나라, 복음의 나라는 더러는 잃어버리는 것이 있어도 하나가 열매를 맺으면 그것이 천이 되고 만이 되는 나라입니다. 더러는 잃어버리는 것이 있어도 더러는 열매 맺는 것이 있기 때문에, 하나님 나라는 늘 소망 중에 씨를 뿌리는 자로 인하여 하나님의 은혜를 경험하고 살아갑니다. 하나님이 소망 중에 씨를 뿌리시는 분이라면 우리도 소망 중에 씨를 뿌리는 자로 세상을 살아가는 것입니다.

빈센트 반 고흐도 밀레처럼 〈씨 뿌리는 사람〉이라는 제목의 그림을 그렸습니다. 그가 밀레보다 20년 뒤에 태어났으니 밀레가 스승이라고 할 수 있습니다. 그런데 그 그림에서 고흐가 제일 마음에 들어한 것은 뒤에 있는 찬란한 태양입니다. 농부의 발밑에는 여전히 돌들이 남아있지만, 밀레가 그렸던 어두운 그림자는 사라지고 농부는 신이 나서 씨를 뿌리는 것처럼 보입니다.

우리가 살아가는 세상처럼 고흐의 밭에도 돌이 있고, 잡초가 무성하고, 뒤에 보면 다른 밭에서는 이미 추수하고 있습니다. 그런데도 조급해하지 않고 찬란하게 솟아오르는 오늘의 태양을 바라보며 씨를 뿌리고 살아가는 것이 우리가 경험하며 살아가야 할 삶의 행복입니다.

세상에는 우리를 방해하는 것이 수없이 많습니다. 공중의 권세 잡은 자들도 있고, 이생의 자랑도 있고, 염려도 있습니다. 세상의 모든 사람이 씨를 뿌릴 때 열매가 나지 않을까 하는 두려움을 가지고 살아갑니다. 그러나 하나님이 소망 중에 씨를 뿌리시는 것은, 나지 않는 것도 있고 잃어버리는 것도 있지만 더러는 그 하나가 백배의 열매를 맺을 것이기 때문입니다. 그러므로 우리도 이 말씀을 통하여 소망 중에 씨를 뿌리는 믿음의 사람이 되기를 소망합니다.

묵상하고 자유하기

내용을 읽고 아래의 물음에 대한 나의 생각을 정리해보세요.

Q. 요즘 내 마음에 품고 있는 소망은 무엇인가요?

은혜 미리보기

그 자리에 앉아 있기만 해도 생명의 떡에
참여하는 은혜를 베풀기를 원하시는 사랑

합리적으로 사고하는 인간과,
이를 뛰어넘으시는 예수님의 지혜와 능력

오천 명의 무리가 주님의 앉으라는 명령에 군소리 없이
순종하는 모습을 상상하니 감격스럽고 눈물이 난다

하나님은 우리가 지킬 수 있는 가능한 것을 말씀하시고,
그것을 지키며 살아가는 삶의 여정에서
복을 누리길 원하신다

그 자리에 앉으라

요한복음 6장 4-6절

1068년에 한 문명사학자가 다음과 같은 글을 남겼습니다. "과학을 일구지 못한 이 집단은 사람보다는 짐승에 더 가깝다." 이 이야기는 이슬람의 한 학자가 미개인처럼 보이는 유럽인들을 혹평한 것이라고 합니다. 우리가 상상해 보면 반대일 것 같은데, 그때까지만 하더라도 유럽인들은 이슬람인들에게 조롱받는 사람들이었습니다. 그러다가 이후 르네상스를 거치면서 기독교 문명은 삶의 변혁을 만들어냈습니다. 과학적인 인간으로 성장하게 된 것입니다. 공부하는 인간, 연구하는 인간, 합리적인 인간이 만들어지기 시작했습니다. 이렇듯 실패를 경험하며 그것을 놓치지 않고 기록하고 돌아보고 복기할 줄 아는 인간이 되면서, 인류는 또 하나의 번영을 만들어냈습니다.

미국의 발명가 에디슨은 평생 동안 무려 2,000개 이상의 발명 특허를 받았습니다. 그런 그에게 수많은 연구 자료를 보관하는 것은 굉장히 중요한 일이었습니다. 그러던 어느 날 에디슨의 연구실에 불이 났습니다. 그때가 1914년 12월이었습니다. 그렇게 화재로 인해 그의 모든 연구 자료가 불에 탔을 때, 사람들은 걱정했고 이제 에디슨의 모든 공적은 사라지는 듯 보였습니다. 그러나 에디슨은 이렇게 말했습니다. "지금까지 연구했던 내 모든 오류가 불에 탔으니, 지금이야말로 모든 것을 새롭게 시작할 수 있는 절호의 기회가 왔습니다." 그리고 14일 뒤, 에디슨은 축음기를 발명하게 됩니다.

여기서는 요한복음을 통하여 우리가 가지는 한계를 뛰어넘어 일하시는 하나님의 은혜에 대하여 묵상해 봅시다.

유대인의 명절에

"마침 유대인의 명절인 유월절이 가까운지라"(요 6:4).

4절은 오병이어 사건이 발생하게 된 배경에 대하여 정확하게 설명하기 위해 최선을 다합니다. 요한은 이 사건이 유월절이 가까운 시간이었다고 증언하고 있습니다.

유대인의 명절이 되면 유대인들은 성전에 올라가서 하나님 앞에 제사했는데, 일 년에 세 번 성전에 올라가서 하나님을 만나야 하는 것이 그들의 오랜 전통이었습니다. 그때가 되면 전국에 있는 모든 남자가 성전으로 이동했습니다. 그들은 고향을 떠나 먼 길을 가는 동안 성전에 올라가서 하나님을 만난다는 설렘을 가지고 순례의 길을 걸어야 했습니다.

이런 이야기를 하면 사람들은 꼭 이런 질문을 합니다. "목사님, 그곳은 남자들만 가는 것이 아닌가요?" 그렇습니다. 남자들은 성전에 올라가서 하나님을 만나야 한다고 율법에 기록된 것이 사실입니다. 그렇지만 우리가 늘 기억하고 살아야 하는 것은, 하나님은 합리적이시고 자기 백성들을 사랑하시는 분이라는 사실입니다.

누가복음 2장 43절에 보면 이런 말씀이 등장합니다. "그날들을 마치고 돌아갈 때에 아이 예수는 예루살렘에 머무셨더라 그 부모는 이를 알지 못하고." 남자들이 성전에 올라가야 하는 그때에 12살이 되신 예수님도 올라가시고, 그의 어머니 마리아도 올라가고, 그의 친족들도 같이 올라갔습니다. 그리고 그 길에서 예수님은 성전에 머물러 계셨으나 예수님의 부모님은 예수님이 친족들 속에서 있는 것으로 생각했다고 합니다. 이를 통해 볼 때, 여자들도 함께 가야 했습니다. 이는 '원래 남자들은 손이 많이 가는 동물인데 그 먼 길을 혼자 보낸다는 것이 가능하겠느냐'고 반문하는 것입니다. 당연히 여자들도 올라가야 했습니다. 그러니까 본문은 남자들만 5천 명이었다고 기록하지만, 그 당시에 이 본문을 읽는 사람들은 유월절이 가까웠을 때라고 하는 것을 보면서 여자들도 있는 장면을 떠올릴 수 있었을 것입니다.

이렇게 보니 이제 본문의 그림에 여자들도 그려지기 시작합니다. 그리고 어린아이 하나가 부모와 떨어져서 무엇인가를 손에 들고 서 있는 모습이 그려집니다. 예수님의 부모님이 예수님을 잃어버렸을 때 아이가 친족 중에 있었다고 한 것처럼, 본문에 등장하는 아이도 그런 아이 중 하나였습니다. 그 당시 부모들은 아이들이 그 근처 어디에 있을 것이라고 생각하며 여행하는 것이 보편적인 상식이었습니다.

또한 재미있는 사실은 요한이 '유대인의 명절'이라고 표현한 것입니다. 제자들은 십자가를 경험하고 난 후에 새로운 시각을 얻게 되었습니다. 그것은 바로 유월절에 성전으로 올라가는 것은 유대인의 명절이라는 생각입니다. 그들은 율법에 따라 말하지 않았습니다.

요한은 유대인입니다. 지금까지 유대인으로 살았습니다. 그러나 예수 그리스도를 만나고 그분의 십자가를 경험하고 난 후, 유대인으로 남아있는 것이 아니라 예수 그리스도의 제자가 되었다는 사실을 이렇게 설명하는 것입니다. 다시 말해, 이것은 모든 사람이 지켜야 하는 것이 아니라 유대인들이 가지고 있는 명절이었다는 것입니다. 유대인의 명절로 존중하기에는 충분하지만, 그렇다고 해서 예수님을 믿는 사람들이 지켜야 하는 것은 아니라는 것을 분명하게 선언하고 있습니다.

율법에는 유익한 것들이 있습니다. 그렇지만 유대인들이 살아내야 하는 것들도 있습니다. 이 말은, 율법에는 유대인들이 하나님 앞에서 지켜야 하는 것을 가지고 있지만 모든 사람이 지켜야 하는 것은 아니라는 것입니다. 마찬가지로 똑같은 조선을 살아가더라도 양반들이

은혜에 꽉 잡힌 인생

지켜야 하는 것들이 있었습니다. 불천위(不遷位), 봉사(奉祀) 같은 것들입니다. 그러나 이것이 경국대전에 기록되어 있다고 해도 모든 백성이 지키는 것은 아니었습니다.

본문의 이야기는 그때 일어난 일입니다. 사람들이 순례자로서 예루살렘으로 올라가려고 하는 때에, 수많은 사람이 몰려드는 때에 예수님이 영원한 생명의 떡에 대해 가르치기 위하여 준비하신 사건이라고 말씀합니다.

하나님의 말씀은 우리를 구원하시는 모든 일에서 그분의 사랑을 설명하고 있습니다. 그러므로 중요한 것은 우리가 믿음의 눈으로 그 말씀을 보아야 한다는 사실입니다. 하나님의 말씀을 읽고 묵상할 때마다 하나님의 사랑을 경험하게 되기를 바랍니다.

가능한 것을 말씀하시는 분

"예수께서 눈을 들어 큰 무리가 자기에게로 오는 것을 보시고 빌립에게 이르시되 우리가 어디서 떡을 사서 이 사람들을 먹이겠느냐 하시니"(요 6:5).

무리를 보신 예수님은 어디서 떡을 사서 많은 사람을 먹일지 빌립에게 물으십니다. 예수님은 정말 합리적인 질문을 하셨습니다. 하나님의 아들이셨지만 제자들과 함께 3년을 살아가시는 모습을 보면 정말 과학적이고 합리적이고 상식적이십니다. 초자연적인 것과, 극히 상식적이고 합리적인 것을 넘나드시는 예수님을 만나게 됩니다. 성경은 예수님의 질문이 빌립을 시험하셔서 더 성장하는 제자로 만드시기 위함이라고 설명하고 있습니다.

상식적으로, 예수님이 어디서 떡을 사면 좋을지 물으려고 하셨다면 유다에게 물어보셔야 합니다. 왜냐하면 가룟 유다가 세무사 출신의 돈 맡은 자였기 때문입니다. 그런데 예수님은 빌립에게 질문하셨습니다. 이는 빌립을 곤란하게 만들려고 하는 것이라기보다 그때 빌립의 지혜가 필요했기 때문입니다.

요한복음 6장 1절은 지금 무리가 몰려드는 이곳이 '디베랴의 갈릴리 바다 건너편'이라고 말합니다. 여기는 빌립의 고향입니다. 또 마침 그때는 많은 사람이 순례자로 여행하는 기간이었습니다. 예수님은 수많은 사람이 자기에게 몰려오는 것을 보시면서, 그 동네 출신인 빌립에게 사람들을 먹일만한 것을 구할 수 있는지 물으셨습니다.

유대인들이 예루살렘으로 올라가는 때는 길목에 있는 모든 동네가 명절 대목 장사를 준비하는 기간이었습니다. 해마다 순례자들이 올라갔습니다. 유월절에 예루살렘에서 양이 얼마나 소비되었는지를 묻는 네로 황제에게 역사학자 요세푸스가 답변한 문서에 의하면, 유월절에 잡힌 양의 수가 평균 256,500마리 정도였다고 합니다. 양 한 마리로 열 명 정도가 먹는다고 하면 그 당시 예루살렘으로 이동한 인구가 약 250만 명 정도였을 것으로 추정하기도 합니다.

은혜에 꽉 잡힌 인생

250만 명이 이동하는 장면을 한번 생각해 봅시다. 어떤 사람은 고향에서 보리떡과 물고기를 미리 구워서 올라갔습니다. 또 어떤 사람은 길이 너무 멀어서 가는 길에 보리떡이 상할 것 같으니 현금을 들고 가기도 했습니다. 외국에서 참석하는 사람들은 아예 양을 끌고 갈 수 없으니 1년 전에 예약하고 준비하여 올라갔습니다.

예수님은 빌립에게 그 동네에 많은 사람을 먹일 만한 것을 준비할 수 있는 집이 있는지 물으셨습니다. 그러니 이제 빌립은 알면 안다고 하고, 모르면 모른다고 하고, 알기는 알지만 지금은 저녁이라서 문을 열었는지 모르면 모른다고 해야 했습니다. 그리고 빌립은 이백 데나리온 정도가 있으면 가능할 것 같다고 대답합니다.

이백 데나리온은 노동자가 200일을 일한 품삯이라고 할 수 있습니다. 큰돈이기도 하지만 그렇다고 기적 같은 돈은 아닙니다. 예수님의 제자들이 15일 동안 나가서 일하면 벌어들일 수 있는 돈입니다. 그렇기에 빌립이 "예수님, 우리가 동네에 아는 집에 가서 이백 데나리온으로 사서 먹이고, 유월절이 끝나면 우리가 나가서 15일 동안 일하여 갚으라는 말씀입니까? 한번 해보겠습니다"라고 말할 수 있는 일이었습니다. 예수님도 같이 하시면 보름이면 충분히 해결할 수 있는 일이었습니다.

우리가 하나님의 은혜 안에서 부르심을 받았을 때, 언제나 가능한 것을 말씀하시는 하나님을 신뢰할 수 있기를 바랍니다. 하나님이 말씀하시면 그것은 가능한 일입니다. 아브라함에게 아들을 이야기하셨을 때도 그것은 가능한 일이었습니다. 왜냐하면 하나님이 말씀하셨기 때문입니다. 하나님이 하시는 일에서 믿음을 붙잡기를 축복합니다.

앉으라고 하실 때 그 자리에 앉는 믿음

"예수께서 이르시되 이 사람들로 앉게 하라 하시니 그곳에 잔디가 많은지라 사람들이 앉으니 수가 오천 명쯤 되더라"(요 6:10).

다시 본문을 보니 이상한 것이 하나도 없습니다. 명절에 수많은 사람이 이동하는 가운데 5천 명의 무리를 만나는 것은 이상한 일이 아니었습니다. 그중 어떤 아이가 보리떡 다섯 개와 물고기 두 마리를 가지고 있는 것도 그들이 살아가는 일상이었습니다. 또 빌립에게 그의 고향에서 많은 떡을 구할 수 있는 집을 물으시는 예수님의 질문도 상식이었고, 이백 데나리온의 돈이 필요하다는 것도 누구나 살아가는 삶의 현실이었습니다. 가룟 유다가 침묵한 것도 그것이 극히 현실적인 대안이라는 것에 동의되었기 때문입니다.

그런데 예수님은 그 모든 것을 뛰어넘는 말씀을 하십니다. 많은 사람을 자리에 앉게 하라고 하십니다. 마가복음 6장 39절에서 '앉는다'는 말은 등을 기대어 서로 편안한 자세로 앉는 것을 의미합니다. 그

은혜에 꽉 잡힌 인생

리고 여기서 제일 감동이 되는 부분은 이 많은 사람이 아무 말 없이 그 자리에 앉았다는 사실입니다.

빌립의 계산도 정확하고, 물고기 두 마리와 보리떡 다섯 개를 가진 아이를 찾아낸 안드레도 대단하고, 모든 일에서 돈에 집착하는 유다가 침묵한 것도 대단한데 이 본문에서 가장 위대한 사람은 예수님이 하시는 일에 어떤 편견이나 자기 계산 없이 묵묵히 자리에 앉은 사람들이었습니다.

그들은 "사흘 만에 성전을 짓겠다는 자여 우리가 무엇을 할 수 있기에 앉으라고 하십니까? 떡이라도 주겠다는 것입니까? 가만히 앉으면 모든 문제가 해결되는 것입니까? 그가 목수의 아들이 아닙니까?"라고 말할 수 있었습니다. 그러나 어떤 말도 없이 묵묵히 자리에 앉아 있는 그들을 묵상하면 전율이 돋습니다.

그렇습니다. 목자 없는 양같이 유리하고 방황하는 백성들을 불쌍히 여기시는 주님의 음성을 듣고, 순한 양처럼 그 자리에 앉아 있는 것이 생명의 떡을 경험하는 유일한 길이었습니다. 혹시 그 자리에 가만히 앉아 있기 싫어서 소리는 지르지 않았지만 도망간 사람이 있었을까요? 그렇다면 그의 생애 가운데 최대 실수를 한 것입니다.

문제를 해결한 빌립이 아니어도, 탁월한 친화력으로 보리떡을 찾아낸 안드레가 아니어도, 생명의 떡이 거기에 있음을 알아서 그 자리에 앉으라 하실 때 앉아 있기만 해도 기적이 일어나는 것이 믿음의 공동체였습니다.

나는 어떤 모습으로 믿음의 공동체에 참여하기를 원합니까? 우리의 모든 삶이 앉아 있기만 해도 기적을 경험하는 믿음의 여정이 되기를 축복합니다.

은혜에 꽉 잡힌 인생

묵상하고 자유하기

내용을 읽고 아래의 물음에 대한 나의 생각을 정리해보세요.

Q. 주님이 말씀하실 때, 나는 가장 먼저
어떤 반응을 보이나요?

표적이 없어도 하나님의 아들을 믿는
우리의 믿음이 기적이다

하나님의 은혜를 경험한 삶 속에서 우리의 구원자이신
그리스도만을 붙잡고 살자

말씀으로 오신 예수님을 믿고 따르는
영의 눈을 뜬 자가 되기를 소망해 본다

나에게 은혜를 베푸시는 분이
하나님의 아들이신 것을 믿습니다

09

내가 믿나이다
요한복음 9장 36-38절

우리는 하루 동안 수많은 '좋아요'를 누르면서 살아갑니다. 그런데 재미있는 사실은, 내가 누른 그 '좋아요'가 바로 옆에 있는 사람의 스마트폰에 전달되기 위해서는 많은 에너지가 필요하다고 합니다. 내가 좋아요를 누르면 그것이 나의 스마트폰에서 공유기로 갔다가, 또다시 바다 건너 데이터 센터에 들어갔다가, 다시 수많은 좋아요를 만나서 해저 케이블을 타고 바다를 건너 옆 사람의 스마트폰으로 도착합니다. 이를 위해서는 너무 많은 물과 에너지가 필요합니다.

사람들은 디지털 환경이 되면 가장 친환경적인 작업이 될 것이라고 생각했습니다. 그래서 기업들은 종이가 없는 회사를 만들어야 하고, 종이책보다 디지털 화면이 훨씬 더 경제적이고 친환경적일 것이라고 했는데, 알고 보니 좋아요 하나가 바다를 건넜다가 다시 돌아와서 옆 사람의 스마트폰으로 전달되기 위해 상상을 초월하는 에너지가 사용되고 있었습니다.

사람은 자기가 하고 있는 일이 무엇인지 잘 모르면서도 열광하며 살아갈 때가 있습니다. 커피전문점 스타벅스에서 음료를 마실 때 친환경 종이 빨대를 사용하며 자기가 가장 친환경적인 운동에 참여하고 있는 줄 알았습니다. 그런데 알고 보니 한 시간 동안 좋아요를 누르고 자기 위치 정보를 확인하고 이것저것 검색하다 보면, 모든 데이터가 바다를 건너는 동안 종이 빨대보다 더 많은 에너지를 허비하는 세상을 살아가는 것입니다.

이렇듯 자기가 하는 일이 무엇인지 잘 모르는 사람들이 떠드는 이 세상에서 하나님의 아들이 우리에게 선언하신 말씀에 대하여 묵상해 봅시다.

율법에 갇힌 사람들

"대답하여 이르되 주여 그가 누구시오니이까 내가 믿고자 하나이다"
(요 9:36).

36절은 예수님께 고침을 받은 한 소경의 말입니다. 그는 예수님을 만났고 눈을 뜨게 되었습니다. 그리고 눈을 뜨고 나니 그에게는 눈을 뜬 것보다 더 소중한 것이 있었습니다. 바로 자기 눈을 뜨게 한 이 사람이 누구인지에 대한 것입니다.

은혜에 꽉 잡힌 인생

예수님은 초막절에 제자들과 함께 예루살렘으로 올라가셔서 자기가 누구인지 밝히셨습니다. '내가 세상의 빛'이라고 선언하시고 그분 자신을 통하여 하나님의 구원이 성취될 것에 대하여 선언하셨습니다. 그 이야기를 들은 제자들은 놀랐습니다. 그리고 드디어 메시아를 만났다는 사실에 감격하는 제자들도 있었지만, 아직 예수님이 누구신지에 대하여 제대로 된 믿음을 가지지 못한 제자들도 있었습니다.

이전에도 주님은 초막절에 예루살렘으로 올라가셨습니다. 그리고 거기서 38년 된 병자를 고치셨습니다. 또 그다음 유월절에는 오병이어의 기적도 만들어주셨습니다. 주님은 절기에 성전으로 올라오실 때마다 자기 백성들에게 자신이 메시아이심을 표적으로 보여주셨습니다.

그러나 제자들은 수많은 표적을 경험했음에도 여전히 하나님 나라를 이해하고 그 나라에 참여하는 백성으로서는 배워야 할 것이 너무 많았습니다. 믿음의 성숙이라는 것은 하루아침에 만들어지는 것이 아니었습니다. 그래서 요한복음 9장 2절에 보면 제자들이 이렇게 묻습니다. "제자들이 물어 이르되 랍비여 이 사람이 맹인으로 난 것이 누구의 죄로 인함이니이까 자기니이까 그의 부모니이까."

저는 이 질문을 한 사람들이 바리새인들이 아니라 제자들이라는 사실에 놀랐습니다. 이 정도의 질문은 율법에 찌들어 사는 사람들이나 하는 것인 줄 알았는데, 아직 자기 안에 내면의 질서가 세워지지 않은 제자들이 율법과 예수님의 말씀 사이에서 방황하고 있던것입니다.

이 당시에 사람들은 질병을 죄의 결과라고 믿었습니다. 그래서 누군가가 아프다고 하면 그것을 죄를 지은 증거라고 오해하기도 했습니다.

그러나 사실 인간은 누구나 어지간하면 한 번은 아플 수밖에 없는 삶을 살아야 합니다. 질병에 노출될 수밖에 없는 연약함을 가지고 평생을 살아갑니다. 평생 운동하고 산 사람도 암에 걸릴 수 있습니다. 평생 감기 한 번 걸리지 않았어도 어느 날 문득 치명적인 질병을 경험하기도 합니다.

이스라엘의 역사학자이자 작가인 유발 하라리에 의하면, 인류가 질병에 노출된 것은 1차 산업혁명 때라고 합니다. 사람들이 이전까지는 수렵채집을 하며 살다가 농경 생활을 시작하면서 한곳에 머물러 살게 되었습니다. 유발 하라리는 1차 산업혁명, 그러니까 사람들이 농사를 시작하게 된 것이 2차 산업혁명의 공해보다 더 치명적인 이유는, 농사에 필요한 가축을 만나면서 치명적인 질병을 경험하게 되었기 때문이라고 합니다. 가축과 한 집에서 먹고 자면서 수많은 세균이 사람의 몸 안으로 들어오게 되었고, 지금도 그 질병의 공포를 경험하고 있다는 것입니다.

예수님의 제자들은 오랫동안 유대교 안에서 율법을 따라 살았습니다. 그래서 사람의 질병은 하나님께로부터 벌을 받은 것이라고 배웠습니다. 누가 아프기만 하면 하나님이 벌하신다고 오해했습니다. 누가 아프면 어떻게 도와주어야 할까, 어떻게 하면 그의 아픔을 공감할 수 있을까, 어떻게 하면 그들의 고통을 해결해 줄 수 있을까를 생각하기보다 율법적으로 정죄하고 그들의 아픔을 더 크게 만들어가는 것이 오랜 전통이었습니다.

이렇듯 인간 스스로 만들어놓은 율법적 모순과 오류를 해결하지 못하고 더 큰 오류를 만들어내는 백성들 가운데, 하나님은 자기 아들을 보내셨습니다. 거기서 치유와 회복을 통하여 모든 율법의 저주에서 자기 백성들을 구원하기를 원하셨습니다.

제자들은 예수님의 제자가 된 지 3년 정도 되었어도 오랫동안 그들을 지배하고 있는 편견으로부터 스스로를 지켜내는 것이 어려웠습니다. 그러나 예수님은 단 한 번도 질병에 대해 죄와 연결해서 설명하신 적이 없었습니다. 예수님은 연약한 자들의 고통을 보시면서 민망히 여기셨습니다. 언제나 불쌍히 여기시며 돕기를 원하셨고, 연약함을 치유하기를 원하셨습니다. 우리가 인생에서 어떤 연약함을 만날지라도 긍휼과 은혜로 찾아오시는 예수님을 붙잡게 되기를 바랍니다.

세상은 지금도 편견과 편향적인 지식으로 하나님을 오해하며 살아갑니다. 하나님이 벌하신다, 정말 그럴까요? 하나님이 벌하셔서 아픈 것이라면 아브라함이 범죄하여 만든 아들 에서는 온갖 병을 가지고 살았어야 합니다. 그러나 그는 이삭보다 더 건강했습니다. 또 야곱의 아들들도 하나 같이 성한 것이 없어야 하지만 그렇지 않았습니다. 하나님이 그런 적이 없다고 우리에게 늘 말씀하셔도 평생을 그렇

게 살아온 사람들은 자기 편향적인 지식으로 자기를 파괴하며 살아
갑니다.

언약을 이루신 주님을 믿는 믿음

"대답하되 그가 죄인인지 내가 알지 못하나 한 가지 아는 것은 내가
맹인으로 있다가 지금 보는 그것이니이다"(요 9:25).

　예수님이 소경을 고치셨습니다. 그가 눈을 뜨고 사람을 보게 되었
고, 이를 본 사람들은 기뻐하고 즐거워했습니다. 그렇게 모두가 기뻐
하는 가운데 기뻐할 수 없는 사람들이 있었습니다. 바로 바리새인들
입니다. 그들은 난리가 났습니다.

　성경에 등장하는 인물 중에 제일 불행한 사람들이 바로 바리새인
들입니다. 그들은 지금도 독주를 입에 대지 않습니다. 안식일에는 엘
리베이터 버튼도 누르지 않습니다. 안식일에 식사하기 위해 한 번도
불을 피워본 적이 없습니다. 그런데 불행한 것은 그들은 하나님의 은
혜가 무엇인지 모릅니다.

　문제는 안식일이었습니다. 지난번 초막절에 38년 된 병자가 예수
님을 만나서 기적 같은 은혜를 경험한 날이 안식일이었습니다. 이번
초막절에도 문제가 된 것은 예수님이 소경을 고치신 때가 안식일이
었기 때문입니다. 바리새인들은 이것을 견딜 수가 없었습니다. 그래

　　　　　　　　　　　　　　　　　　　　　　　은혜에 꽉 잡힌 인생

서 그들은 고침 받은 소경에게 두 번이나 사람들을 보내어 물었습니다.

"우리가 생각할 때 안식일에 병을 고치는 것은 죄인데 너는 어떻게 생각하느냐." 그러자 이 사람이 이렇게 대답합니다. "저는 무엇이 죄인지 잘 모르겠지만, 지금 한 가지 분명한 것은 내가 두 눈을 뜨고 당신을 보고 있다는 사실입니다."

누가 뭐라 해도 부인할 수 없는 사실은, 하나님의 은혜로 치유와 구원을 경험하게 되었다는 것입니다. 유일한 증거가 있다면 그가 맹인으로 있다가 지금 보게 된 그것이 전부입니다. 이것이 그의 간증이고, 자랑이고, 증거였습니다. 하지만 이것은 바리새인들에게 더 치명적인 분노가 되었습니다. 이제 이 일은 단순히 안식일에 병을 고친 것이 아니었기 때문입니다.

우리는 성경을 읽으며 발견하게 되는 것이 있습니다. 구약성경에서는 소경이 눈을 뜨는 기적이 일어나지 않았다는 점입니다. 구약에서는 눈을 뜬 사람이 존재하지 않습니다.

나아만은 나병에 노출되었다가 고침을 받았고, 히스기야는 15년의 생명을 연장받았습니다. 또 엘리야는 그릿 시냇가에서 3년 동안 까마귀가 날라다 주는 고기를 먹고 살았습니다. 이 모든 것이 기적입니다. 이뿐만이 아닙니다. 사르밧 과부는 밀가루 통에 밀가루가 넘쳐나는 기적을 만났습니다. 홍해가 갈라지고 죽은 자들이 살아나고 그들 중 누군가는 살아서 승천하는 일도 있었습니다. 그러나 소경이 눈을 뜬 일은 단 한 번도 없었습니다. 그 이유는 메시아가 이 땅에 오시면 나타나는 표적이었기 때문입니다. 그러니까 지금 소경이 눈을 뜬 것은 메시아만이 하시는 일이었습니다. 이 사실 때문에 바리새인들이 기절하는 것입니다. 지난번 안식일에 38년 된 병자를 고친 것은 더 이상 문제가 되지 않았습니다.

이사야 42장 6-7절은 이렇게 예언하고 있습니다. "너를 세워 백성의 언약과 이방의 빛이 되게 하리니 네가 눈먼 자들의 눈을 밝히며." 바리새인들은 오랫동안 성경을 읽으며 이 말씀을 기억하고 있었습니다. 성경을 좀 읽었다, 다른 사람들이 알지 못하는 성경을 배우고 연구하고 오랫동안 묵상했다고 하는 자들은 그들이 기다리는 메시아가 오시면 눈먼 자들의 눈을 밝히신다는 것을 알고 있었습니다. 그리고 그들에게는 알고 있다는 것이 문제가 되었습니다.

바리새인들이 얼마나 잔인한지 모르겠습니다. 자기들도 알고 있었습니다. 그런데 인정이 되지 않았습니다. 가진 것이 너무 많았기에 잃어버릴 것이 너무 많았습니다. 그래서 그들은 예수님을 십자가에 못 박아 버리기로 작정합니다.

하나님이 이사야를 통하여 이미 말씀하셨다면 믿어야 합니다. 성경에 나와 있다면 믿어야 합니다. 우리는 성경을 믿습니다. 환상을 믿고, 예언을 믿고, 기적을 믿는 것이 아니라 이사야 42장을 믿고 요한복음 9장을 믿습니다. 그분만이 눈을 뜨게 하시고 그분만이 십자가에서 죽으시고 부활하셨습니다. 우리는 그분만을 믿습니다.

메시아이심을 믿습니다

"이르되 주여 내가 믿나이다 하고 절하는지라"(요 9:38).

눈을 뜨게 된 이 사람은 부인할 수 없었습니다. 그는 믿을 수밖에 없는 자리에 섰습니다. 오랫동안 세상을 보지 못하는 것이 고통이었는데, 그런 그가 메시아를 만났습니다. 예수님의 메시아 되심을 증명하는 축복의 도구로 자신이 쓰임 받았다는 것을 생각할 때, 하늘을 날 것처럼 기뻤습니다. 그래서 그는 "이르되 주여 내가 믿나이다"라고 고백합니다. 이것은 예수 그리스도를 살아있는 삶의 현장에서 만난 사람만이 할 수 있는 고백입니다.

그런데 요한복음 9장 27절에 보면 그가 바리새인들에게 재미있는 이야기를 합니다. "대답하되 내가 이미 일렀어도 듣지 아니하고 어찌하여 다시 듣고자 하나이까 당신들도 그의 제자가 되려 하나이까."

바리새인들은 그가 눈을 뜨게 되었다는 소식을 듣고 찾아왔습니다. 그러고는 정말 눈을 뜨게 되었는지 묻고 그의 부모들에게도 찾아가서 이 사람이 정말 소경이었는지, 눈을 뜬 것이 사실인지 두 번이나 물으며 확인하려고 했습니다. 그러자 그가 바리새인들에게 "당신들도 그의 제자가 되려 하나이까" 하고 물은 것입니다. 그러나 바리새인들은 자기 길을 가게 됩니다. 믿으려 하지 않습니다. 그들은 뭐가 그리 대단한 신념과 율법을 가지고 있기에 그것을 놓쳤을까요.

그날 주님을 만나서 눈을 뜨게 된 이 사람에게 소중한 것은 메시아를 만났다는 사실입니다. 자기가 눈을 뜨게 되었다는 것보다 더 중요한 것은 예수님이 우리 가운데 찾아오신 메시아이심을 증명하는 것이라는 걸 알게 된 것입니다. 그러니까 소경의 "내가 믿나이다"라는 말은 내가 눈을 뜬 것을 믿는다는 것이 아니라, 예수님이 온 인류를 구원하기 위하여 우리 가운데 찾아오신 하나님의 아들이심을 믿는다는 증언이었습니다.

자기가 눈을 뜬 것을 믿을 이유는 없습니다. 눈은 이미 뜨고 있습니다. 그렇기에 그는 그분이 인류의 구원자, 메시아, 그리스도, 기름 부음을 받은 자이신 것을 믿는 것입니다. 이것이 놀랍습니다.

하나님이 하시는 모든 일에서 우리가 감격하는 이유는, 예수님이 이 한 사람의 눈을 뜨게 하시기 위하여 구약에서는 오랫동안 기다렸기 때문입니다. 이사야서에서 누군가가 눈을 뜨고 말라기에서 누군가 눈을 뜨게 되었다면 참 좋은 일이고 감사한 일이지만, 한 번도 그런 일이 일어나지 않은 것은 이날을 위한 것이었습니다. 마찬가지로 사도행전에서 앉은뱅이가 일어났지만 눈을 뜬 기적이 일어나지 않은 것도 그분만이 이 일을 하셔야만 했기 때문입니다. 그러므로 하나님의 말씀만을 신뢰하며 하나님만이 하시는 일에서 하나님의 은혜를 만나는 우리가 되기를 축복합니다.

은혜에 꽉 잡힌 인생

묵상하고 자유하기

내용을 읽고 아래의 물음에 대한 나의 생각을 정리해보세요.

Q. 나는 예수님을 어떤 분으로 알고, 믿고 있나요?
나의 신앙을 고백해 봅시다.

은혜 미리보기

내가 가진 것을 탓하지 않으시고 나에게 아끼지
않으시는 하나님은 언제나 봄날과 같다

눈에 보이는 것뿐만 아니라
영원한 것도 예비하시고 복되게 하시는 하나님의 은혜를
늘 사모하며 살아갈 수 있기를

죄인을 구원하기 위하여 자기 몸을 내어주기까지 하신
그 사랑에 감격, 감사하며 살아갑니다

무엇으로든지 예수님과 동행하는
믿음의 사람이 되기를 원합니다

10

들에서 가져온 종려나무
마가복음 11장 6-10절

앙투안 드 생텍쥐페리의 소설《어린 왕자》에서 어린 왕자를 찾아온
여우가 이런 말을 합니다. "마음으로 보아야만 잘 보여. 중요한 것은
눈으로는 보이지 않아."

여기서 마음으로 본다는 것은 무엇일까요? 눈으로 보는 것도 잘 이
해하기 어려운 세상을 살아가면서 마음으로 보이는 것에 집중할 수
있다면, 그것은 틀림없이 행복이라는 생각이 듭니다.

그런가 하면 인간의 자기 관리에 대하여 책을 쓴 심리학자 데일 카
네기는 "멀리 희미하게 보이는 것을 보려 하지 말고, 눈앞에 분명히
놓여 있는 것을 행해야 한다"라고 했습니다.

멀리 있는 희미한 것들보다 더 중요한 것은 지금 눈앞에 있는 빵
한 조각이기에, 눈앞에 있는 일용할 양식에 대하여 감사하며 살아야

한다는 것입니다. 먹지 못하고 지나간 어제의 딱딱한 빵보다 더 소중한 것은 지금 눈앞에 있는 빵이라고 합니다. 얼마나 더 많이 먹을 수 있을지 보장되지 않는 내일에 대하여 걱정하지 말고, 눈앞에 있는 일용할 양식에 감사하고 사는 것이 더 중요하다고 합니다. 오늘 우리의 일용할 양식이야말로 우리가 먹을 수 있는 유일한 빵입니다.

마가복음을 통해 일용할 양식만큼이나 소중한 것으로 찾아오신 하나님의 은혜에 대하여 묵상해 봅시다.

구약의 언약을 성취하신 예수님

"제자들이 예수께서 이르신 대로 말한대 이에 허락하는지라"(막 11:6).

예수님이 드디어 나귀를 타고 예루살렘으로 입성하십니다. 예루살렘으로 올라오셨습니다. 유월절에도 오시고, 초막절에도 오셨던 예수님은 그때마다 38년 된 병자를 치유하시고 실로암에 있던 눈먼 자를 치유하셨습니다. 또 들에서 오병이어를 경험한 사람들은 예수님을 따랐습니다. 그렇지만 이번에는 조금 다른 느낌으로 올라가기를 원하셨습니다. 지금까지 한 번도 없었던 일을 하기를 원하셨습니다. 바로 나귀를 타고 들어가겠다고 하신 선언이었습니다. 그냥 올라가시면 되는데 꼭 나귀를 타셔야 하는 이유가 있습니다. 이번이 예루살렘으로 올라가시는 마지막 길이었기 때문입니다. 이번에 이 길을 걸으시면 다시는 걸으실 이유가 없었습니다. 소경 바디매오는 그분이

은혜에 꽉 잡힌 인생

마지막으로 올라가시는 것을 알았습니다. 그래서 소리를 질러 다윗의 자손을 불렀습니다.

예수님은 제자들에게 말씀하십니다. 마을로 들어가서 어떤 사람을 만나게 되면 주께서 쓰시겠다고 하고 나귀 새끼를 끌고 오라고 하십니다. 그분은 나귀 타기를 원하셨습니다. 그리고 본문은 제자들이 나귀 주인에게 가서 주께서 쓰시겠다고 말하자, 그 주인이 허락했다는 것으로 시작합니다. 그렇게 주님은 나귀 새끼를 타고 예루살렘으로 입성하셨습니다. 그때가 바로 2000년 전 3월에 있었던 유월절 주간 월요일 아침이었습니다.

하나님의 말씀이 항상 우리에게 증명하고 싶어 하는 것은 그분이 하나님의 뜻대로 부르심을 받은 메시아라는 사실입니다. 스가랴 9장 9절에 보면 어마어마한 말들이 등장합니다. "시온의 딸아 크게 기뻐할지어다 예루살렘의 딸아 즐거이 부를지어다 보라 네 왕이 네게 임하시나니 그는 공의로우시며 구원을 베푸시며 겸손하여서 나귀를 타시나니 나귀의 작은 것 곧 나귀 새끼니라."

크게 기뻐하라, 즐거이 부르라, 보라 왕이 임하실 것이다. 그는 공의로우시고 구원을 베푸실 것이다. 여기까지는 참 좋습니다. 위대하고 놀라운 일들이 일어날 것만 같습니다. 그런데 성경은 그 위대한 왕이 겸손하여 나귀를 타실 것인데 나귀의 작은 것 곧 나귀 새끼를 탈 것이라고 하십니다. 하나님의 백성들이 기다리는 왕은 구원을 베푸실 전능자이십니다. 그는 공의로우시고 큰 구원을 만드실 분입니다.

그런데 문제는 나귀 새끼를 타셔야 한다는 말씀입니다.

하나님의 말씀이 신비로운 것은 항상 이런 곡절이 있기 때문입니다. 반전이 있습니다. 아무나 따라 할 수 없는 것들이 등장합니다. 위대한 왕이 나귀를 타셔야 하는데, 왕들에게는 이것이 쉬운 일이 아니라는 것입니다.

세상의 군왕들은 언제나 백마를 타고 나타납니다. 세상을 지배하기를 원하는 사람들은 자기가 백마를 타는 사람이라고 우기는 자들이었습니다. 나폴레옹은 언제나 백마를 타는 사람이었습니다. 로마의 황제도 언제나 백마를 타고 마차를 타며 자기 권력을 자랑하는 사람이었습니다. 그러나 예수님은 이 땅에 오셔서 구원을 완성하실 하나님의 아들이심에도 불구하고 나귀 새끼를 타고 예루살렘에 입성하셨습니다.

드디어 때가 되었습니다. 이제 주님은 예루살렘으로 올라가셔서 한 주간 안에 모든 것을 다 해결하기를 원하셨습니다. 성전을 정화하시고, 제자들과 함께 만찬을 나누시고, 감람산에 올라가셔서 기도하시고, 로마 군대에 체포되어 고난을 받으시고, 십자가에 죽으실 것입니다. 이 모든 것을 아시는 주님은 제자들에게 나귀를 준비하라고 하셨고, 나귀 주인은 나귀를 내어주는 사람으로 역사의 현장에 서게 되었습니다.

놀라운 사실은, 바리새인들은 이것이 무엇을 의미하는지 알았다는 것입니다. 그들은 날마다 말씀을 묵상하고 연구하는 사람들입니다. 마지막 때가 되면 어떤 일이 일어날 것인지 아는 사람들이었습니다.

제자들은 예수님이 왜 나귀를 타셔야 하는지 몰랐지만, 바리새인들은 알았습니다. 그러니까 예수님이 나귀를 타신 것은 바리새인들에게 '내가 그 사람'이라는 것을 선언하시는 장면입니다. 예수님은 그들이 기다리는 메시아가 그분 자신이라는 것을 이제 더 이상 숨길 이유가 없었습니다. 예수님은 자신을 숨기기 위하여 나귀를 타신 것이 아니라 스가랴 9장 9절에서 예언하고 있는 구원자가 바로 자신이라는 것을 모든 사람에게 선포하신 것입니다.

예수님은 이 땅에 계시는 동안 철저하게 말씀대로 사신 분입니다. 말씀대로 사셨다는 것은 인격의 도를 닦았다는 것이 아닙니다. 그분은 인격의 도를 닦을 이유가 없는 분이었습니다. 그분은 하나님이 구약을 통하여 예언하신 말씀을 응하게 하시는 분이었습니다.

구약의 모든 언약을 성취하신 예수님만을 신뢰할 수 있기를 축복합니다. 구약에서 메시아에 관한 333가지 예언의 말씀을 모두 성취하신 분은 예수님밖에 없습니다.

왕의 길에 참여하는 은혜

"많은 사람들은 자기들의 겉옷을, 또 다른 이들은 들에서 벤 나뭇가지를 길에 펴며"(막 11:8).

예수님은 안장조차 없는 나귀 새끼를 타고 나타나셨습니다. 사람들이 자기 겉옷을 벗어서 안장을 만들었습니다. 그리고 그들은 눈치

채기 시작했습니다. 그분이 오시면 나귀를 탈 것이라고 하셨는데, 예수님이 나귀를 타시는 것을 보면서 이분이 바로 메시아라는 것을 조금 알게 된 것처럼 보이기도 합니다.

하지만 알게 되었다고 해도 그들은 당장 무슨 일을 만들어낼 만한 능력을 조금도 가지고 있지 않은 사람들이었습니다. 군중이었습니다. 메시아를 기다렸지만 그분이 오시면 무엇을 해야 할지 잘 몰랐던 사람들은, 자기 겉옷을 벗어서 예수님이 예루살렘으로 올라가시는 길을 만들기 시작했습니다.

겉옷이라는 것은 가난한 사람들에게 전 재산과 같은 것입니다. 그리고 그 의미도 다 다릅니다. 자기 명예를 지켜낼 만한 유일한 것이 겉옷이었기 때문에 어떤 사람은 겉옷에 자기 집안의 문장을 새기기도 했고, 어떤 사람은 자기가 누구인지 어떤 사람인지를 나타내기 위하여 겉옷에 자수를 놓기도 했습니다.

사람들은 자기가 살아가는 세상에서 메시아를 만났습니다. 또한 그분이 예루살렘으로 입성하시는 길목에 서게 되었습니다. 겉옷을 벗어서 그분이 가시는 길을 환영하고 축복하는 것은 생애에 가장 영광스러운 기회가 되었습니다. 그래서 바디매오는 자기가 지금까지 살아온 삶의 굴욕적인 겉옷을 벗어던지고 예수님을 따랐고, 또 어떤 사람은 자기 명예와 가문의 상징과도 같은 겉옷을 예수님께 드리기를 원했습니다.

그리고 그들 중 어떤 사람들은 들판에 있는 종려나무 가지를 꺾어서 흔들었다고 합니다. 종려나무 가지는 초막절에 등장하는 나무입니다. 초막을 지을 때 사람들은 광야에서 여러 가지 나무와 과실수 나뭇가지들과 종려나무 잎을 모아서 만들기도 했습니다. 그런데 그들은 왜 초막절에 등장하는 나뭇가지를 유월절에 가지고 나왔을까요?

재미있는 것은 여기 등장하는 종려나무 가지는 동네에서 꺾은 것이 아니라 들판에서 꺾은 것입니다. 그들이 미리 준비했다는 것이고, 그날을 위하여 준비하도록 도우시는 누군가의 손길에 의하여 종려나무 가지를 가지고 있었다는 것입니다. 그 가지가 지금 예루살렘으로 입성하시는 왕의 길을 준비하는 도구가 되었습니다. 누군가는 평생을 준비한 겉옷을 예수님의 입성 앞에 내어드리는가 하면, 어떤 사람은 자기도 모르게 준비한 것으로 왕의 길에 참여했습니다.

우리가 평생 준비한 가장 귀한 것으로 왕의 길을 준비하든지, 드릴만한 것이 하나 없어서 들판에서 꺾은 종려나무 가지 하나로 왕의 길에 참여하든지, 우리 인생에서 왕의 길에 참여할 수 있는 기회가 있을 때마다 동행하며 살아가는 믿음의 사람이 되기를 축복합니다.

들에서 벤 나뭇가지를 들고 왕의 길에 참여한 사람들을 생각하면, 왠지 자꾸만 눈물이 나려고 합니다. 자랑할 만한 것 하나 없이 그저 주님을 사랑하는 마음 하나밖에 없는데, 그것이 하나님 나라의 꿈이 되었을 때 그들의 마음이 얼마나 행복했을지 생각하면 그것이 무엇인지 알 것만 같습니다.

그분의 뜻을 이루신 주님

"찬송하리로다 오는 우리 조상 다윗의 나라여 가장 높은 곳에서 호산나 하더라"(막 11:10).

예수님 자신이 메시아이심을 선언하셨을 때, 세상은 그분의 영광을 찬양하게 되었습니다. 그분은 나귀를 타겠다고 하셨을 때 이미 자기가 하나님의 아들이라는 것을 선포하셨습니다. 그리고 이제 그분이 메시아의 길을 가십니다. 백성들은 소리를 높여서 다윗의 자손에 대하여 노래하기 시작합니다.

'호산나'라는 말은 '호시아나'라는 히브리어를 번역한 아람어입니다. 그들은 가장 높은 곳에서 오시는 분에 대하여 환호하기 시작했습니다. 자기들이 환호하는 것이 무엇인지도 모르면서 환호하는 그들이 야속하게 보이기도 합니다. 이렇듯 언제나 군중은 무지한 자들이었습니다. 자기 앞에 있는 것만 생각하고 환호하는 사람들이었습니다. "호산나 다윗의 자손"을 환호했지만, 예수님이 가시게 될 십자가의 길이 무엇인지에 대하여 아는 것이 없었습니다.

우리가 늘 살아가는 삶의 수준이 이렇습니다. 우리는 당장 눈앞에 있는 문제를 해결하기 위하여 호산나 주의 이름으로 오시는 이를 부르지만, 그 일을 위하여 예수님이 무엇을 하셔야 했는지에 대해서는 별다른 관심이 없습니다. 언제나 죄인들은 자기들이 원하는 일에 급급하여 살아갑니다. 그것이 죄인들의 한계이기도 합니다.

하지만 놀라운 것은, 하나님은 언제나 죄인들의 연약함을 통하여 그분이 이루기를 원하시는 모든 일을 성취하신다는 사실입니다. 하나님 나라는 죄인들의 어리석음 때문에 방해받지 않습니다.

우리는 당장의 구원을 원했지만, 하나님은 영원한 구원을 완성하셨습니다. 우리는 눈앞에 있는 일용할 양식을 구하고 살았지만, 하나님은 영원한 양식을 완성하셨습니다. 우리는 예루살렘으로 입성하시는 다윗의 자손을 환호했지만, 하나님은 자기 아들을 십자가의 길로 데리고 가셨습니다. 우리는 그가 우리의 왕이 되기를 환호했지만, 그분은 자기 아들이 나귀를 타는 겸손한 왕이 되기를 원하셨습니다. 우리는 그분이 우리의 왕이 되기를 원했지만, 하나님은 죄인들의 어리석음대로 하지 아니하시고 자기 아들을 화목제물로 사용하셨습니다.

주님은 우리가 겉옷을 깔았는지 깔지 않았는지 묻지 않으십니다. 또 예루살렘에서 준비한 종려나무 가지인지 들에서 꺾어온 가지인지 묻지 않으십니다. 그분은 죄인들의 무지한 환호 속에서도 흔들리지 아니하시고 십자가의 길을 걸어가셨습니다.

종려주일이 왜 꽃이 피는 시기일지 생각해 봅니다. 꽃들이 만발하는 따스한 봄날에 주님의 고난을 마음에 담으면 우리 안에는 거룩한 설렘이 생깁니다. 화창한 봄날에 주님은 우리를 위하여 십자가를 지셨습니다. 세상은 화창한데 주님은 그것을 뒤로하고 고난의 길을 가셨습니다. 들판에서 꺾은 종려나무 가지 하나 들고 우두커니 서 있는 그 한 사람을 위해, 하나님의 아들은 자기 몸을 십자가에 내어주기를 원하셨습니다. 그 사랑을 만나는 우리가 되기를 소망합니다.

묵상하고 자유하기

내용을 읽고 아래의 물음에 대한 나의 생각을 정리해보세요.

Q. 나는 내가 서 있는 이곳에서 무엇으로
주님의 영광을 찬양할 수 있을까요?

우리의

인생은

한 걸음 한 걸음

3장

─

인도하심

은혜 미리보기

우리와 박자를 맞추어 동행하시는 하나님이
우리를 먹이시고 인도하심을 신뢰한다

어떤 세상을 만나든지, 그곳이 광야이든 에덴동산이든
하나님은 우리와 함께하신다

주님의 질서 안에 자유하기를 원하시고
그 주도권까지 기꺼이 내어주신 주님

상상하기 어려운 창세기의 하나님을 인간의 속도에
맞춰 동행하시는 분으로 묘사한 것이 마음에 와닿았다

11

동행하시는 여호와

창세기 2장 16-17절

시간은 언제 시작되었을까요? 하나님이 태양을 만드신 때가 넷째 날이니까 그 해가 뜨고 질 때부터 시간이 시작되었다는 생각은 지구적인 생각이라 할 수 있습니다. 똑같은 하루를 살아도 다른 행성에서는 서로 다른 시간 개념을 가지고 있습니다.

지구가 자전하는 것은 하루, 24시간입니다. 우리는 그 24시간을 살아갑니다. 그런데 수성은 무려 59일에 한 번 자전합니다. 그러니까 수성에서 하루는 59일입니다. 거기서 하루 중 3분의 1을 자야 한다면 약 20일 동안 자야 하고, 또 나머지 20일 동안은 일하고 19일 동안은 밥 먹고 TV를 보면서 살아야 합니다.

이렇듯 지구에서 사는 동안 하나님이 우리에게 주신 제일 큰 축복은 24시간을 하루로 주셨다는 것이고, 그 안에서 하나님과 동행하며 살아가는 자리에 우리를 불러주셨다는 사실입니다. 수성에서 태어났다면 20일 동안 자고 일어나서 20일 동안 일하고 19일 동안 살아야 하루가 지나가는데, 지구에서 태어났기에 출근하면 금방 퇴근 시간이 다가오고 학교에 가서 8시간 정도 공부하면 집으로 가고 몇 시간 자고 일어나면 또 새로운 하루가 시작되는 이 세상을 사는 것이 행복이라는 생각이 들기도 합니다. 저만의 행복일까요?

반대의 경우도 있습니다. 목성의 하루는 10시간이 채 되지 않습니다. 자전 주기를 지구 중심으로 계산해 본다면 0.41일 정도밖에 되지 않습니다. 거기서는 3시간 동안 일하고, 3시간 동안 학교에서 공부하고, 3시간 동안 잠자고 일어나면 하루가 지나갑니다. 학교에 가면 3시간 만에 집으로 오니까 좋을 것 같습니다. 일하러 가면 3시간 만에 퇴근하니까 좋을 것 같습니다. 그런데 잠도 하루에 3시간만 자고 다시 일어나야 합니다.

이처럼 우리가 살아가는 것에는 이미 정해진 것들이 있습니다. 그리고 여기서 부르심을 받아서 살아야 하는 것들이 있습니다. 창세기를 통해 여기서 부르심을 받아 하나님과 동행하며 살아가는 삶에 대하여 함께 묵상해 봅시다.

자유를 주시고 동행하심

"여호와 하나님이 그 사람에게 명하여 이르시되 동산 각종 나무의 열매는 네가 임의로 먹되"(창 2:16).

하나님이 사람에게 내리신 첫 번째 명령은 자유하라는 것입니다. 동산 가운데 있는 것들을 네 마음대로 먹으라는 것이 명령이었습니다. 네 마음대로 먹으라는 것은 언제 먹든지 마음대로 먹으라는 것입니다. 또한 무엇을 먹든지 마음대로 먹으라는 것입니다.

사람들은 아침에 일어나서 음식을 먹습니다. 그리고 해가 지면 잠을 잡니다. 그렇다면 사람은 하루에 몇 번을 먹을 수 있습니까? 해답은 사람 마음대로입니다. 얼마나 먹어야 합니까? 그것도 내 마음대로입니다. 무엇을 먹습니까? 그것은 사람이 먹고 싶은 대로 먹습니다. 성경은 이것을 자유라고 설명합니다. 이렇듯 인간에게 주어진 첫 번째 자유는 시간에 대한 자유였습니다.

사람은 아무 때나 먹어도 되는 세상을 살았습니다. 500년 전만 하더라도 시간은 그렇게 중요하지 않았습니다. 그야말로 아침에 해가 뜨면 아침밥을 먹고 배가 고프면 중간에 새참을 먹고 점심에는 점심밥을 먹고 해가 지면 저녁밥을 먹고 자는 것이 전부였습니다. 그리고 조선시대에 공무원들에게는 출퇴근 시간도 따로 존재하지 않았습니다. 월, 화, 수, 목, 금, 토, 일이라는 요일이 있지 않았습니다. 당연히 대체 휴일 같은 것도 존재하지 않았습니다.

사람들이 시간에 집착하기 시작한 것은 먼바다를 항해하기 시작하면서부터라고 할 수 있습니다. 위도는 해와 별을 보고 찾을 수 있었습니다. 그러나 경도는 정확한 시계가 있어야만 찾을 수 있었습니다. 이때부터 정확한 시계를 가지는 것이 권력이 되기도 했습니다. 그래서 왕은 가장 정확한 시계를 가지고 있는 사람이었습니다.

성경에 보면 하나님은 처음부터 사람들과 같은 시간을 공유하시는 분이 아니었습니다. 온 우주를 다스리시는 전능하신 하나님은 수면 위에 운행하시는 분이었습니다. 영원 전부터 영원까지 모든 우주의 시간의 주인이신 하나님은 사람들처럼 아침에 일어나서 밥을 먹어야 하는 그런 분이 아니었다는 말씀입니다. 그분은 거기 계시는 것으로 자기 존재를 증명하시는 분이었습니다. 그래서 창세기 1장 2절은 그분의 시간에 대하여 운행하시는 분이라고 말씀합니다.

또한 시편 기자는 하나님이 주무시지도 않고 졸지도 않으시는 분이라고 말했는데, 그 이유는 사람들이 만들어 놓은 시간으로 사시는 분이 아니었기 때문입니다. 그분은 수성에서도 하나님이시기에 수성에서는 하루 56일을 사셔야 하고, 목성에서는 하루 10시간을 사셔야 하기에 사람들처럼 존재하실 수가 없습니다.

그런 하나님이 사람을 만드시고 축복하셨는데, 첫 번째 축복이 네가 원하는 시간에 먹으라는 것이었습니다. 아침에 일어나서 먹고 8시간 뒤에 먹고 6시간 뒤에 먹으라는 것이 아니라 네가 원하는 시간에 네가 원하는 것을 먹으라고 하신 것입니다. 이렇듯 하나님이 사람들에게 첫 번째 명령으로 찾아오신 언어는 자유였습니다.

은혜에 꽉 잡힌 인생

사람들이 늘 하나님에 대해 오해하는 것은, 하나님이 사람을 만드신 후에 제일 먼저 통제하셨을 것이라고 상상합니다. "에덴을 떠나지 말라" "뭐는 먹지 말라" "어디를 가면 안 된다" "하루에 잠을 많이 자지 말라" "일은 얼마만큼 하라" "하지 말라" 하셨을 거라고 하나님을 전제합니다. 그러나 하나님이 인간에게 찾아오신 첫 번째 언어는 자유롭게 먹으라는 것이었습니다.

하나님이 사람들과 함께 자유하시며 살아가는 삶을 가장 잘 보여주는 것이 '거닐었다'라는 단어입니다. 하나님은 원래 운행하시는 분입니다. 그분께서 사람을 만드시고 난 다음에 사람들을 배려하신 것이 사람들의 걸음걸이와 같은 속도로 걸어주셨다는 것입니다. 그분은 시간을 초월하여 존재하십니다. 얼마든지 하루에도 몇 번씩 수성에도 가시고 목성에도 가시고 안드로메다에도 다녀오실 수 있습니다. 그런 하나님이 인간이 걷는 속도를 아시고 인간의 시간으로 함께 걸어주시는 것이 그분의 사랑이었습니다. 더 빨리 가실 수도 있습니다. 그런데 하나님은 에덴동산을 함께 거닐어 주셨습니다.

하나님의 시간으로 하면, 사람들은 바로 자라야 하고 바로 똑똑해져야 합니다. 하나님의 시간으로 계산하면 사람들은 태어나자마자 바로 성숙한 사람들이 되어야 합니다. 그러나 하나님은 사람의 걸음 속도에 맞추어 주심으로 자기 걸음을 조율하시는 분입니다.

우리가 이 하나님을 사랑할 수 있기를 소망합니다. 첫 번째 명령으로 자유를 주시고, 그분의 시간을 버려두고 사람의 시간으로 같이 살아주시는 것이 하나님의 은혜입니다. 지금도 그분은 우리 안에서 우리의 시간을 공유하시면서 인내하시는 하나님이십니다.

포기하지 않으시고 동행하심

"여호와께서 그들 앞에서 가시며 낮에는 구름 기둥으로 그들의 길을 인도하시고 밤에는 불 기둥을 그들에게 비추사 낮이나 밤이나 진행하게 하시니"(출 13:21).

동산 가운데서 사람들과 거니셨던 하나님이 출애굽기에서는 동행하시며 그들의 길을 인도하시고 안내하시는 분으로 등장합니다. 왜냐하면 사람들이 하나님이 주신 자유를 오해했기 때문입니다. 우리는 그것을 죄라고 이야기합니다. 사람들은 하나님이 주신 자유를 지독하게 오해했습니다.

동산 가운데서 함께 거니셨던 하나님이 그들의 가이드가 되신 것은, 사람들이 하나님의 명령을 떠나서 자기 스스로 생존할 수 있는 것처럼 오해했기 때문입니다. 하나님은 사람들에게 모든 것을 먹으라고 하시고 먹고 싶을 때 마음대로 먹으라고 하시면서, 단 하나의 조건으로 선악을 알게 하는 나무의 열매는 먹지 말라고 하셨습니다. 시간을 주시고 자유를 주시고 모든 권한을 주시면서 단 하나의 조건을 말씀하셨는데, 사람들은 이것을 지켜내기가 어려웠습니다.

은혜에 꽉 잡힌 인생

그 결과 인간은 하나님과 함께 거니는 축복을 놓쳐버렸습니다. 아무 때나 자기가 원하는 때에 스스로 먹고 살아갈 수 있는 능력을 상실하게 되었습니다. 사람을 만드신 하나님이 에덴동산에 함께 거니시며 살아갈 때는 모든 것을 먹을 수 있는 권리와 자유를 주셨지만, 출애굽한 이스라엘 백성들이 광야를 걸어가는 동안 먹을 수 있는 것은 만나 하나밖에 없었습니다.

이것을 격세지감이라고 말합니다. 달라도 참 많이 달라졌습니다. 타락하기 전에 인류는 적어도 자기가 먹고 싶은 것을 마음대로 먹었습니다. 그런데 출애굽한 이스라엘은 하나님이 주시는 것만 먹어야 했습니다. 아무거나 먹을 수 있을 때가 참 좋았습니다. 그러나 그때는 그것이 자유인지 잘 몰랐습니다. 타락한 인류는 아무 때나 먹을 수 있는 기회가 있었을 때 그것이 행복이라는 것을 알지 못하고 에덴에서 쫓겨났습니다.

출애굽한 이스라엘 백성들은 하나만 먹어야 했습니다. 그것도 아침에 주실 때만 먹어야 했습니다. 아무 때나 나가서 거둘 수도 없고, 만나 외에 다른 것을 먹을 수도 없는 세상이 되었습니다. 그러자 사람들이 아우성치기 시작했습니다. 만나가 지겹다고 난리치기도 하고, 더 먹고 싶다고 역정을 내기도 했습니다. 이것이 타락한 인류가 받아들이고 살아야 하는 현실이었습니다.

그들은 무엇을 줘도 스스로 해결할 만한 능력을 상실한 자신을 이해하고 살아야 했습니다. 모든 것을 주었는데 인간은 그것이 모든 것인지 몰랐습니다. 그래서 이제 하나만 주니까 그 하나 때문에 분노했습니다.

그러나 하나님의 은혜는 자기 백성들을 용납하시면서 광야 40년 동안 동행하셨다는 것에 있습니다. 하나님이 인도자가 되시고 가이드가 되어주신 것은 그들이 스스로 자기 길을 만들어 걸어갈 만한 능력을 상실했기 때문입니다. 가이드가 되어 주시지 않으면 스스로 생존이 어려웠습니다.

어떤 때는 함께 거닐어주시고 또 어떤 때는 가이드가 되어주셔서 자기 백성들을 인도하시고 포기하지 않으시며, 결국 자기 구원을 완성하시는 하나님을 신뢰하게 되기를 바랍니다.

중요한 것은 자기 백성들이 어떤 수준으로 살든지 간에 하나님은 포기하지 않으셨다는 것입니다. 우리가 조금 똑똑할 때도 함께하시고 조금 어리바리할 때도 함께하시며, 우리가 지독하게 얄미울 때도 포기하지 않으시고 함께하시는 것이 하나님의 은혜입니다.

함께하시고 동행하심

"내가 너희에게 분부한 모든 것을 가르쳐 지키게 하라 볼지어다 내가 세상 끝날까지 너희와 항상 함께 있으리라 하시니라"(마 28:20).

십자가를 지시고 죽음에서 부활하신 주님이 제자들에게 찾아오

은혜에 꽉 잡힌 인생

셔서 마지막으로 선언하신 말씀은 '너희와 함께 있으리라'는 약속이었습니다. 부활하신 주님이 언제나 우리와 함께 있겠다고 약속하셨습니다.

하나님은 에덴에서 함께 거니시는 분이었습니다. 광야에서 자기 백성들을 인도하시면서 함께하시는 하나님이셨습니다. 그리고 마태복음에서는 부활하신 하나님이 자기 백성들과 언제나 함께하겠다고 하십니다. 세상 끝날까지 함께하십니다. 앞으로 어떤 세상을 만나든지, 그곳이 에덴 같은 곳이든 광야 같은 곳이든 우리와 함께하십니다.

지구의 표준 시간이 수성의 표준 시간으로 바뀌어도 부활하신 주님은 우리와 함께하십니다. 세상이 뒤집어져서 화성에도 다녀오고 목성도 점령하고 지구의 시간을 우주의 또 다른 시간으로 바꾸는 험악한 시간을 만나더라도, 거기서도 우리는 함께하시는 하나님을 신뢰하고 믿음의 길을 걸어가야 합니다.

인생을 살다 보면 흔들릴 때가 있습니다. 흔들리는 것은 이유가 있습니다. 바로 흔들리지 않으려는 복원력이 있기 때문입니다. 가만히 서 있는 나무를 흔들 때 그것이 흔들리는 이유는 다시 일어서려고 하는 힘이 있기 때문입니다. 일어서려고 하는 힘이 없으면 흔들리지 않습니다. 그냥 넘어지는 것으로 끝날 수밖에 없습니다. 그러므로 흔들리는 것은 축복입니다.

네덜란드의 수학자이자 물리학자인 호이겐스는 어느 날 침대에 누워있다가 재미있는 장면을 발견하게 됩니다. 벽에 걸려있는 2개의 시계를 보게 되었는데 서로 다른 방향으로 움직이던 시계추가 시간이 지나면서 방향이 같아지는 것을 알게 됐습니다. 처음에는 서로 다른 방향으로 움직이고 있었는데 나중에는 같아지는 것입니다. 우리는 이것을 동조라고 합니다.

처음에는 서로 다르게 보였는데 동행하는 동안 같은 방향으로 가는 것을 만나게 됩니다. 서로 다른 시계이지만 걷다가 보니까 같은 진동으로 움직이기 시작합니다. 마찬가지입니다. 우리가 처음에 예수님을 만났을 때는 고집도 있고 신념도 있었는데, 예수님과 함께 걸어가는 동안 그분의 영향을 받아서 같은 방향과 시간을 가지게 된다면 그보다 더 행복한 것이 있을까요.

그러니 처음에는 너무 다른 것으로 시작해서 곳곳에서 흔들리는 것을 경험하고 살았더라도, 걸으면 걸을수록 같은 것을 경험하며 살아가는 믿음의 삶이 되었으면 좋겠습니다.

은혜에 꽉 잡힌 인생

묵상하고 자유하기

내용을 읽고 아래의 물음에 대한 나의 생각을 정리해보세요.

Q. 나는 지금 주님과 어떻게, 어떤 모습으로
동행하고 있나요?

은혜 미리보기

눈에 보이는 물에 집착하는 것이 아니라
물을 만드시는 하나님의 은혜를 붙들고 살아가야겠다

하나님이 인도하실 때 보이지 않는 물이
있다는 것을 신뢰한 아브라함을 보면서,
어떻게 살아야 할지 믿음의 태도를 생각함

하나님의 때를 기다릴 줄 아는 믿음으로
하나님의 은혜에 집중!

12

보이지 않는 물

창세기 13장 14-15절

과학자들은 지금도 우주가 확장되고 있다고 주장합니다. 밤하늘의 별이 지금도 늘어나고 있다는 것입니다. 지금으로부터 약 100년 전, 수학자이자 천문학자였던 조르주 르메트르는 수학으로 우주의 팽창을 증명하였습니다. 아인슈타인의 상대성이론을 근거로 해서 수학적인 공식을 만들어냈는데, 막상 그 시대를 살아가는 사람들은 우주가 확장되고 있다는 것을 믿기 어려워했습니다.

그 후 2018년에는 미국 콜로라도주에서 지구가 평평하다고 믿는 사람들의 모임이 있었습니다. '평평한 지구학회'가 주체한 모임에는 지금도 지구가 평평하다고 믿는 600여 명의 사람들이 모였습니다.

100년 전에는 우주가 확장되고 있다는 것을 수학적으로 증명하는 사람들이 있었고, 지금은 지구가 평평하다는 것을 확신하는 사람들이 우리 주변에 있습니다. 우리는 이런 사람을 '체리 피커'라고 합니다. 이 말은 케이크에서 자기가 먹고 싶은 것만 골라 먹는다는 뜻입니다.

그들은 우주가 팽창하고 나면, 나중에는 우주가 사라진다고 합니다. 수많은 별이 늘어나는 것은 좋은데 계속 늘어나다가 갑자기 사라진다고 하니, 이 또한 과학을 따라다니는 것이 생각보다 쉽지 않다는 생각이 들기도 합니다.

우리는 우주가 늘어나고 있는지 줄어들고 있는지는 잘 모릅니다. 그러나 말씀을 통해 그 별들을 보고 믿음으로 살아야 했던 아브라함의 생애를 살펴보며 숨겨진 하나님의 은혜를 추적해 봅시다.

고민의 순간, 하나님께 묻다

"이에 롯이 눈을 들어 요단 지역을 바라본즉 소알까지 온 땅에 물이 넉넉하니 여호와께서 소돔과 고모라를 멸하시기 전이었으므로 여호와의 동산 같고 애굽 땅과 같았더라"(창 13:10).

10절은 아브라함의 조카 롯이 물이 보이는 땅을 선택하는 것으로 시작합니다. 롯은 가나안 땅에 들어갔습니다. 그리고 할아버지와 함께 삼촌의 손을 잡고 갈대아 우르를 떠났던 롯은 이제 장성하여 삼촌과 헤어져야 하는 시간이 되었습니다. 인생에는 만나는 때가 있고, 헤어지는 때가 있습니다. 성경은 그들의 목자가 많아져서 목자들이

은혜에 꽉 잡힌 인생

서로 다투게 되었다고 설명합니다.

"여호와의 동산 같고 애굽 땅과 같았더라." 아브라함과 롯의 사이에는 아무런 문제가 없는데 그들의 목동들이 늘 다툰다는 것은 무엇인가를 결정할 시간이 되었다는 것을 의미합니다. 그래서 아브라함은 롯을 불러 먼저 선택할 것을 권면합니다. 유교적인 문화에서는 항상 어른이 먼저 선택합니다. 그러나 가부장적 제도가 무엇인지 잘 몰랐던 아브라함은 조카를 불러놓고 '네가 먼저 선택하면 자신은 나중에 선택하겠다'고 말합니다. 그렇게 롯이 사방을 둘러보았는데, 그의 눈에 들어오는 결정적인 것이 하나 있었습니다. 그것은 물입니다. 롯이 눈을 들어 요단 지역을 돌아보니 거기 온 땅에 물이 넉넉한 것이 보였습니다. 그리고 성경은 그가 그 땅을 선택하였다고 말씀합니다. 물을 선택하는 것은 너무나 당연합니다. 오늘날에도 어떤 장사를 하려고 할 때 유동 인구가 많은 곳에서 시작하는 것과, 소와 양을 키우고 농사짓는 사람들이 물이 많은 곳을 선택하는 것은 상식입니다.

그런데 재미있는 것은, 10절에서 그곳이 여호와의 동산 같기도 하고 애굽 같기도 하다는 말씀이 우리에게 불안감을 던집니다. 여호와의 동산 같다고 하면 너무 좋을 것 같은데, 거기에 하나가 더 추가되어 애굽 땅 같다는 것이 마음에 걸립니다.

물이 있다는 것은 예나 지금이나 도시를 만드는 데 결정적인 조건이 됩니다. 세계 어느 곳을 다녀 봐도 도시는 항상 물을 끼고 있습니다. 뉴욕에는 허드슨강이 있고 런던에는 템스강이 있습니다. 파리에는 센강이 있고 서울에는 한강이 있습니다. 물이 있다는 것은 적어도 가뭄을 만나지 않을 땅이라는 것을 보여줍니다.

롯이 선택한 땅에도 물이 있었습니다. 그리고 풍요를 따라 찾아드는 사람들로 인해 소돔이 만들어지고 고모라가 만들어짐으로 도시 문명이 번창하기 시작했습니다. 그러나 이것은 롯에게 치명적인 유혹이 되었습니다. 도시 문명이 발달하면서 그도 도시의 타락한 문명에 고스란히 노출될 수밖에 없었기 때문입니다.

우리 눈에 보이는 것은 항상 좋은 것일까요? 자기 눈에 보이는 것에 따라 사는 것 자체가 나쁜 것이라고 할 수는 없습니다. 모든 사람이 눈에 보이지 않는 것을 발견할 만한 대단한 능력을 가지고 세상을 살아가는 것은 아니기 때문입니다. 보이는 것을 결정하고 선택할 수밖에 없는 한계도 있습니다. 그렇지만 조금 신중하게 돌아봐야 하는 것이 있다면, 여호와의 동산 같기도 하고 애굽 같기도 한 그곳을 우리가 선택할 수 있느냐 하는 것입니다. 우리가 세상처럼 산다면 그는 애굽을 선택하는 것이 맞습니다. 자기 눈에 보이는 대로, 데마가 세상을 향하여 달려간 것처럼 유동 인구가 많은 곳에서, 권리금이 비싼 곳에서, 돈 넣고 돈 먹기를 할 수 있는 세상이 눈에 보이면 따라가는 것이 정답입니다.

그러나 그래도 믿음으로 살아보려고 하고 믿음 안에서 인생의 중요한 고비마다 하나님께 물으며 살고 싶은 사람들에게, 여호와의 동산 같기도 하고 애굽 같기도 한 곳은 결국 유혹이 될 수밖에 없습니다. 늘 이런 것이 우리를 힘들게 합니다. 적어도 애굽은 아예 처음부터 가고 싶은 생각이 없습니다. 그렇지 않습니까? 애굽으로 가고 싶은 사람이 주일 아침에 교회로 와서 앉아 있을 이유는 없습니다. 그런 사람은 교회에 오지 않을 것입니다. 애굽이 애굽으로 사는 것은 이상하지 않습니다.

우리가 해결하고 살아야 하는 것은, 믿음으로 살아야 하는데 여호와의 동산 같기도 하고 애굽 같기도 한 땅이 나오면 고민할 수밖에 없다는 것을 인정하고 고민하는 것입니다. 그러나 안타까운 것은 롯은 그것을 고민하고 돌아볼 기회도 없이 그 땅을 선택하고 떠났습니다.

여호와의 동산 같기도 하고 애굽 같기도 한 것들 속에서 고민하는 순간이 나에게도 있습니까? 그때 하나님께 묻고 여호와의 동산을 선택할 수 있기를 바랍니다. 두 가지가 동시에 찾아옵니다. 그것은 유혹이 될 수밖에 없습니다. 믿음으로 무엇인가를 선택하고 살아야 한다면 잠시 머물러 서서 하나님이 원하시는 것이 무엇인지를 물어야 합니다.

요셉은 애굽으로 내려갔습니다. 그러나 우리는 그것을 타락이라고 하지 않습니다. 애굽으로 내려갔지만, 그는 그곳이 여호와의 동산 같아서 내려간 것이 아니라 애굽 안에서 사명자로 살아야 했기 때문입니다. 우리도 애굽에 있어야 한다면 사명자로서 있어야 합니다. 여호와의 동산 같기도 하고 애굽 같은 것들은 미혹이 될 수밖에 없습니다.

하나님의 때를 기다리다

"롯이 아브람을 떠난 후에 여호와께서 아브람에게 이르시되 너는 눈을 들어 너 있는 곳에서 북쪽과 남쪽 그리고 동쪽과 서쪽을 바라보라"(창 13:14).

롯이 유혹의 땅으로 간 이후에 하나님이 아브라함에게 찾아오셨습니다. 이런 것이 우리의 마음을 편안하게 만듭니다. 내가 무엇인가를 찾으려고 나서는 것이 아니라, 롯에게 내어주고 나는 그곳에 서 있는데 하나님이 찾아오시는 것입니다. 하나님이 먼저 찾아오시는 것, 이것이 축복입니다. 하나님이 먼저 찾아오시는 일들 속에서 살아가는 것이 축복입니다.

그러면 이렇게 물을 수도 있습니다. "목사님, 하나님이 저에게 먼저 찾아오신 적이 한 번도 없습니다. 어떻게 하면 하나님이 먼저 찾아오시는 것을 만날 수 있나요?" 하나님은 언제나 먼저 찾아오셔서 하시는 일을 통하여 약속하신 것을 성취하시는 분인데, 하나님이 먼저 찾아오시는 것을 경험하지 못했다면 그것은 우리의 마음이 조급하기 때문일 수도 있습니다.

하나님이 찾아오셔서 무엇인가 말씀하시기 전에 자기가 먼저 모든 것을 계획하고 준비하여 이것은 이렇게 하고 저것은 저렇게 할 거라는 온갖 생각으로 자기 인생을 채워놓으면, 하나님이 찾아오셔서 일하실 기회를 만나는 것은 너무 어렵습니다.

하나님이 찾아오셔서 "너는 눈을 들어 보라"라고 말씀하시는 것을 들어야 하는데, 마음이 너무 조급해서 이미 자기가 다 돌아보았습니다. 자기가 돌아보고 결정해 놓고는 하나님이 찾아오셔서 말씀하시면, 그때부터 말대꾸하기 시작합니다. "동쪽으로 가보았는데 거기는 바위가 많아요, 서쪽을 보았는데 거기는 사나운 맹수들이 있더라고요, 남쪽은 너무 더워요, 또 북쪽으로 올라가 보았는데 가는 길이 너무 멀어요." 항상 하나님 앞에 말대꾸하면서 살면, 정말 피곤한 인생이 될 수밖에 없습니다.

성경은 어려운 일을 만나게 될 때, 하나님이 찾아오셔서 말씀하시는 그때 시작해도 늦지 않다고 말씀합니다. 그러므로 우리가 어려운 문제를 만나면 만날수록, 하나님이 찾아오시는 때를 기다릴 줄 아는 믿음의 자리에 서기를 바랍니다. 비밀은 여기에 있습니다. 조급할수록 하나님이 역사하실 수 있는 자리를 만들어 놓아야 합니다. 힘들수록 그분이 일하기 시작하실 때, 그때 같이 가야 합니다. 힘들고 어렵다는 이유로 먼저 스스로 결정하고 선택하고 모든 것을 만들어 놓고 하나님의 재가를 받으려고 한다면, 또 자기 지식을 먹고 마시는 것이 되고 자기 지혜를 가지고 자기 인생을 결정하며 살아가는 것이 될 수밖에 없습니다.

하나님이 아브라함에게 아들 이삭을 바치라고 하셨을 때 그가 다음날 바로 드렸다면 이야기는 거기서 끝났을 수도 있습니다. 그런데 아브라함이 이삭과 함께 올라간 모리아 산은 사흘 길이었습니다. 그는 그 길을 가는 동안 한숨도 못 잤을 수도 있습니다. 그러나 쉬운 길이 아닌 어려운 길이라고 할지라도, 어려우면 더 어려울수록 하나님이 시작하시기를 기다리고 살아가는 것이 그에게 축복이었습니다.

우리가 어려울 때 덥석 물어버리면 그것은 더 큰 아픔이 될 수 있습니다. 그러므로 우리는 신중을 넘어서 하나님의 때를 기다릴 줄 아는 믿음의 사람이 되어야 합니다.

눈에 보이지 않아도

"이에 아브람이 장막을 옮겨 헤브론에 있는 마므레 상수리 수풀에 이르러 거주하며 거기서 여호와를 위하여 제단을 쌓았더라"(창 13:18).

18절에서 아브라함은 최종적으로 이곳을 결정합니다. 사방을 두루 살펴보다가 헤브론에 있는 마므레 상수리 수풀에 이르러, 거기서 여호와 하나님께 제단을 쌓았다고 말씀합니다. 그가 스쳐 지나온 땅은 어떤 곳이었을까요? 그곳에 좋은 것이 있었는데 왜 떠나야 했고, 헤브론까지 올라와서 마므레 상수리 수풀에 장막을 쳤을까요?

숲도 보아야 하고 나무도 보아야 하는데, 아브라함이 여기까지 오게 된 것에는 하나님의 보이지 않는 손길이 있었습니다. 상수리나무는 우리가 알고 있는 도토리나무입니다. 그런 장대한 나무가 있는 곳에는 어김없이 있는 것이 있습니다. 그것이 핵심입니다. 바로 보이지 않는 물입니다. 그렇습니다. 그곳은 물이 있는 땅이었습니다. 나무가 있는 곳에 어김없이 있어야 하는 것이 있는데, 그것이 바로 물입니다.

사람들은 시냇가에 심은 나무들 때문에 물이 있어야 나무가 자랄 수 있는 것처럼 생각하기도 합니다. 그러나 눈에 보이는 물이 있으면 그곳에는 나무가 자라는 것이 아니라 도시가 만들어집니다. 그러면 그 물은 사람들의 욕망 때문에 고갈되기도 합니다. 눈에 보이는 물을 가지려고 하는 사람들의 욕망이 물이 흐르는 땅을 폐허로 만들어 버립니다.

그런데 아브라함이 보았던 것은 눈에 보이지 않는 물이었습니다. 상수리나무가 큰 나무라는 것은 뿌리가 깊다는 것입니다. 또 뿌리가 깊다는 것은 그 깊은 곳에 물이 있다는 것입니다. 결국 소돔은 눈에 보이는 물이 있는 땅이었고, 마므레 상수리 수풀은 눈에 보이지 않는 물이 있는 땅이었습니다.

팔레스타인 지방에는 우기와 건기가 있습니다. 우기에는 비가 많이 내려서 와디라고 불리는 간헐하천에 물이 넘쳐 나기도 합니다. 반대로 건기에는 비가 거의 오지 않고 건조합니다. 그래서 우기에 비가 내리지 않으면 기근이 되기도 하지만, 굶어서 죽을 만큼의 기근을 만들어 본 적이 없습니다. 그러니까 문제는 건기에 무엇으로 살아가느냐 하는 것인데, 바로 이슬로 살아갑니다.

숲에서 만들어지는 이슬, 그 이슬을 품고 있는 큰 나무들, 눈에 보이지 않는 물이 있는 곳에 우물을 만드는 것, 이것이 가나안에서 살아가는 삶의 방식이었습니다.

아브라함은 가는 곳마다 여호와 앞에 제단을 쌓고 그 옆에 우물을 만들었습니다. 우기나 건기에 물을 가질 수 있었던 것은 상수리나무 숲에 있던 우물 때문이었습니다. 아브라함은 눈에 보이지 않는 물을 통하여 그 땅에서 농사하였고 이삭은 아브라함의 우물에서 농사하여 그 해에 100배의 소득을 가졌으며, 야곱은 아브라함에게 배운 것으로 야곱의 우물을 만들었습니다.

세상에는 보이는 물을 쫓아가는 사람들이 있는가 하면, 보이지 않는 물에서 하나님의 은혜를 경험하고 살아가는 사람들이 있습니다. 신명기 1장 24절에 보면 가나안 땅을 정탐하는 정탐꾼들은 마므레 상수리나무 숲을 보았지만 그 땅을 거부했습니다. "그들이 돌이켜 산지에 올라 에스골 골짜기에 이르러 그곳을 정탐하고." 에스골 골짜기는 마므레 상수리나무가 있는 곳인데 그들의 눈에는 보이지 않았습니다. 그곳이 아브라함의 땅인지 알지 못했습니다. 그들의 눈에는 보이지 않는 물이 보이지 않았습니다.

우리는 별들이 나타났다가 사라지는 세상을 살아갑니다. 그러한 세상에서 조급한 일을 만나기도 합니다. 그러나 그럴 때도 우리가 눈에 보이는 물에 집착하지 않기를 바랍니다. 눈에 보이는 상수리나무 숲에서 눈에 보이지 않는 물을 만들어 가시는 하나님의 은혜에 집중하며 살아가는 믿음의 사람이 되기를 소망합니다.

은혜에 꽉 잡힌 인생

묵상하고 자유하기

내용을 읽고 아래의 물음에 대한 나의 생각을 정리해보세요.

Q. 어떤 일을 결정할 때 나는 제일 먼저
무엇을 기준으로 삼나요?

은혜 미리보기

하나님 앞에 내 삶의 모습을 객관적이고 정확하게
고하고, 하나님의 은혜를 고백하며 감사하면서,
미래에 대해 두려워하지 말고 하나님을 향한 소망으로 살자

과거에 집착하지 말고 오늘 우리에게 행복의 은혜를
부어주시는 주님을 신뢰하며 미래의 소망을 가지고
살아가자

미성숙한 나의 삶 속에서 모든 문제를 해결하시는 분은
오직 하나님

우리를 너무나 사랑하셔서 사랑으로 가르치시는
하나님을 발견하다

13

진영 끝에서

민수기 11장 1-2절

2020년 2월 어느 날, 시애틀에 있는 빌 게이츠의 집에 전문가 몇 사람이 모였습니다. 빌 게이츠는 그들에게 중국에서 발생한 질병이 세계적인 팬데믹이 될 가능성이 있는지 물었습니다. 그리고 다음 날, 그는 중국에서 발생한 질병은 세계적인 팬데믹이 될 것이라고 발표하였습니다. 그는 기업인으로 평생을 살았지만 세계의 모든 인류와 함께 살아가는 번영을 늘 생각하며 살았습니다. 그래서 국가나 정부, 의학연구소보다 한 명의 자선 사업가가 먼저 인류의 미래에 대하여 보고서를 만들었습니다.

20세기 이후 호흡기 질환이 급속도로 늘어나고 있는데 그 규모와 영향력이 점점 더 커지고, 빨라지고 있습니다. 1918년에는 스페인 독감이, 1968년에는 홍콩 독감이 발생했고 또 2009년에는 신종

플루가, 2020년에는 코로나19가 발생했습니다. 특히 스페인 독감으로 인해 세계적으로 5,000만 명 이상의 인구가 감소하였습니다. 그 발생 속도는 그때로부터 50년, 41년, 11년으로 줄어들며 점점 빨라지고 있는데, 인류는 마땅한 대안을 찾아내기가 어렵습니다. 또 문제는 우리가 손을 깨끗이 씻어도 중국이나 아프리카, 인도나 어떤 도시에 사는 사람들이 손을 씻지 않으면 언제든 팬데믹이 발생할 수 있다는 것입니다.

우리는 이런 소식을 들으며 각자 어떤 준비를 하고 있는지 궁금합니다. 나는 열심히 손을 씻고 마스크를 끼고 사회적 거리 두기를 하고 살아간다고 해도, 지구 반대편에 있는 어떤 시장에서는 여전히 손을 씻지 않는 사람들이 있습니다.

여기서는 민수기 말씀을 통하여 나와 다른 사람들과 함께 살아야 하는 세상에 대하여 묵상해 봅시다.

하나님을 원망하는 백성들

"여호와께서 들으시기에 백성이 악한 말로 원망하매 여호와께서 들으시고 진노하사 여호와의 불을 그들 중에 붙여서 진영 끝을 사르게 하시매"(민 11:1).

1절에는 우리를 당황하게 하는 몇 가지 단어가 등장합니다. '백성의 악한 말'과 '여호와의 진노' 그리고 '여호와의 불'이라는 단어입니

은혜에 꽉 잡힌 인생

다. 이것이 당황스러운 이유는 이런 말들이 10장까지는 등장하지 않다가 11장에 들어서면서부터 나오기 때문입니다.

민수기는 크게 두 부분으로 나눌 수 있는데, 1장부터 10장까지 그리고 11장부터 36장까지입니다. 신학자들은 11장부터 시작되는 이야기를 광야 시대의 제 2기라고 표현하기도 합니다. 먼저 앞부분을 보면, 대부분 하나님의 은혜로 살아가는 이야기가 등장합니다. 6장에서 하나님은 너희에게 평강 주시기를 원하고, 너는 너의 자손들에게 여호와의 평강이 대대에 있기를 축복하라고 하십니다. "여호와는 네게 복을 주시고 너를 지키시기를 원하며 여호와는 그의 얼굴을 네게 비추사 은혜 베푸시기를 원하며 여호와는 그 얼굴을 네게로 향하여 드사 평강 주시기를 원하노라 할지니라 하라"(민 6:24-26).

이 말씀을 하실 때 그들에게는 늘 평강만 있을 줄 알았습니다. 그런데 이스라엘 백성들이 시내 산을 지나 광야로 들어가면서 미성숙한 삶의 현실이 하나 둘 나타나기 시작합니다. 그 출발이 바로 11장입니다. 그들은 악한 말로 원망하기 시작했습니다. 그야말로 그들의 본성이 드러나기 시작하는 것이라고 할 수 있습니다.

사실 이것은 우리 모두의 모습이기도 합니다. 처음 예수를 믿으면 누구에게나 행복한 시간이 있습니다. 하나님이 우리를 위하여 자기 아들을 십자가에 내어주셨다는 것이 너무 놀라운 일이었습니다. 다시는 정죄 받지 않는다는 것이 신기했습니다. '죄라도 한번 지어볼까' 하는 호기심이 생길 정도로 행복했습니다. 어디서 누구를 만나더라도 "나는 예수를 믿는 사람입니다, 저 오늘부터 교회에 다니기 시작했습니다" 하는 말들이 부끄럽지 않았습니다.

그런데 언제부터인가 마음 한구석에서 조그마한 의심의 구름이 일어나기도 하고 옛사람의 본성이 꿈틀거리기도 하고 뭔가 이상한 것이 예수 믿는 사람 같지 않은, 나 자신 같지 않은 것들이 여전히 내 안에 있음을 발견하기 시작합니다. 이는 누구나 경험하고 지나가야 하는 시간이기도 합니다.

하나님이 친절하신 이유는, 언제나 이런 것을 우리에게 정확히 설명해 주시기 때문입니다. 하나님은 우리가 예수님을 믿고 출애굽해도, 바로 성자가 되거나 바로 완성된 전인격적인 성숙함으로 세상을 살아가는 것이 아니라는 것을 우리에게 늘 말씀해 주십니다.

누구나 이 과정을 지나갑니다. 아브라함도 지나갔고 다윗도 지나갔고 예수 그리스도의 제자들도 이 과정을 지나갔습니다. 때로는 한심하게 보이고 그래서 분노하기도 하고 이해할 수 없는 현상에 대하여 고개를 흔들기도 하지만, 우리는 누구나 이런 장면을 만나게 된다는 것을 받아들이며 살아야 합니다.

저는 이스라엘 백성들이 악한 말로 하나님을 원망한 이 장면이 정말 이해됩니다. 이스라엘 백성들은 지난 400년 동안 애굽에서 종으로 살았습니다. 하나님의 이름조차 잊어버려서 "당신의 이름은 무엇입니까"라고 질문할 정도로 하나님과 상관없는 삶의 자리에 있었습니다. 고통스러운 현실이었고 하나님께 기도함으로 고통으로부터 자

은혜에 꽉 잡힌 인생

유하기를 부르짖었지만, 그 하나님이 누구인지에 대하여 아는 것이 없었습니다.

결국 그들이 원망한 이유는 아는 것이 없었기 때문입니다. 하나님에 대하여 아는 것이 없습니다. 지금까지 아는 것은 '나를 낳아주셨다, 구원해 주셨다, 홍해를 건넜다' 정도입니다. 부모의 사랑에 대하여 아는 것 없이 '낳아주셨다, 먹을 것을 주셨다' 정도의 지식으로 살면 평생을 부모에 대하여 원망하며 살아갈 수도 있습니다. 이것이 인간입니다.

그러니까 이스라엘 백성들이 하나님을 향하여 원망하고 살아가는 것이 정상적인 삶의 일부분임을 하나님이 보여주고 싶으신 겁니다. 이상한 것이 아니라 정상적입니다. 또 그들의 원망이 정상적이라고 한다면, 여호와의 진노도 이상한 것이 아니라 정상적이라는 것을 받아들이고 살아야 합니다.

그런데 1절에 가장 은혜가 되는 부분이 있습니다. '진영 끝에'라고 하는 어구입니다. 여호와의 진노가 그들 가운데 여호와의 불로 찾아왔는데, 그 불은 1분 만에 꺼지는 것이었습니다. 원망도 정상인데 여호와의 불도 정상입니다. 그리고 그 불은 온 동네를 다 태워버리는 불이 아니라 잠시 붙었다가 기도하면 금방 꺼지는 불이었습니다. 이것이 하나님의 심정이었습니다.

그렇습니다. 우리는 어떤 위기와 두려움 앞에서도 자기 백성들을 지키기를 원하시는 하나님을 신뢰해야 합니다. 여호와의 불이 하늘에서 내려왔는데, 기도할 때 1분 만에 꺼졌습니다. 그날에 불이 내려와서 온 광야를 다 태워버렸고 지금도 그 흔적이 홍해 건너편 디베라 광야에 있으며 그 숯덩이가 그날에 진노를 증명한다는 등의 것이 존재하지 않습니다. 원망도 잠시 있었고, 여호와의 불도 잠시 있다가 기도하는 순간에 바로 꺼져버렸습니다.

하나님은 자기 백성들이 경험하는 모든 문제에 대하여 대안을 가지고 계신 분입니다. 그런데 그보다 더 중요한 것은 그것을 자기 백성들에게 말씀하기를 원하셨다는 사실입니다.

과거를 정확히 그리고 올바로 보아야 한다

"우리가 애굽에 있을 때에는 값없이 생선과 오이와 참외와 부추와 파와 마늘들을 먹은 것이 생각나거늘"(민 11:5).

이스라엘 백성들이 이런 일들을 한 번 경험했을 때 바로 하나님의 은혜를 발견한 뒤 성숙하고 거룩하고 복된 자리로 가면 좋을 텐데, 그것이 생각보다 쉽지 않습니다. 그들 주변에는 늘 미성숙한 사람들이 있었습니다. 그야말로 남들은 다 손을 씻는데 잘 씻지 않는 사람들이었습니다.

4절에 보면 재미있는 표현이 있습니다. 그날 저녁에 이스라엘 백성들과 함께 출애굽한 다른 인종들이 있었다고 하는 부분입니다. 개역개정 성경에서 이들을 잡족이라고 하지 않고 다른 인종들이라고 번역한 것은 하나님의 은혜를 더 잘 표현한 것입니다. 그들도 하나님의 은혜를 경험했습니다. 비록 다른 인종이라고 기록되었지만 엄연한 하나님의 백성이었습니다. 어린양의 문설주를 경험하고, 홍해를 건너고, 이미 그들도 만나를 먹었습니다.

그런데 그들 가운데 치명적인 약점을 가지고 있는 사람들이 있었습니다. 바로 부추기는 사람들입니다. 문제가 있으면 문제를 해결하려고 연구하는 사람들이 아니라 일단 걱정부터 하는 사람들입니다. 꼭 집어서 나쁘다, 악하다 말하기는 어렵지만 하나님의 은혜를 잘 잊어버리는 부류의 사람들이라고 할 수 있습니다. 꼭 있습니다. 끝까지 있습니다.

그들은 자신이 예전에 어디에 있었는지를 망각한 사람들입니다. 그래서 5절에 보면 애굽에 있을 때 생선과 오이와 참외와 부추와 파와 마늘을 먹었다고 주장합니다. 그것은 사실입니다. 그러나 문제는 이런 것을 먹었다는 것이 아니라, 그들이 스스로 생각하기를 '값없이' 먹었다고 착각하는 것입니다. 보통 착각이 아니라 대단히 심각한 오류를 만들어내고 있습니다.

그들이 애굽에서 먹은 것은 값없이 먹은 것이 아니었습니다. 지난 400년 동안 노예로 살면서 노동력을 착취당하며 겨우 얻어먹었던 것을 값없이 먹었다고 오해하고 있습니다. 마찬가지입니다. 예수님을 믿기 전에 세상에서 자기가 잘 살았다고 하는 것은 오해입니다. 잘 살았을 리가 없습니다. 그 세상은 잘 사는 세상이 아닙니다. 잘 살 수가 없습니다. 예수님을 믿고 은혜로 살아도 이 정도인데, 하나님의 은혜

없이 자기 능력으로 살던 그 세상을 엄청난 세상이라고 생각하는 자체가 오해입니다. 세상이 그럴 리 없습니다.

코로나19가 대유행하던 시기에 어떤 목사님들을 만난 적이 있습니다. 그분들 중 어떤 분은 비대면으로 예배하는 것이 너무 힘들다고 호소했습니다. 힘들다고 하는 것을 이해합니다. 힘들다기보다 어려웠습니다. 해보지 않은 비대면 설교를 매주 해야 한다는 것이 어려운 것은 사실이었습니다. 그러나 "대면 예배는 참 쉬웠다"고 표현할수는 없습니다. 마치 대면으로 예배할 때는 집중력 있고 예배 시간에 조는 사람이 단 한 사람도 없고 모든 것이 다 좋았던 것처럼 이야기하는 것은 받아들이기가 어렵습니다.

사람에게는 과거를 미화시키려는 습관이 있습니다. 그런데 과거를 미화시켜도 유분수지, 애굽에서 살았던 것을 공짜로 값없이 살았다고 하는 것에는 동의할 수 없습니다. 이런 말이 '악한 말'이 되는 것입니다. 욕을 해서 악한 말이 되고 불평해서 악한 말이 되는 것이 아니라, 하나님 앞에서 자기 과거를 부정하고 마치 예수님을 믿기 전에 더 행복했던 것처럼 애굽에서는 공짜로 밥 먹으며 살았다고 하는 말이 악한 말이 되는 것입니다. 그래서 저는 동의할 수가 없습니다.

과거에 대하여 설명할 때는 객관적이어야 하고 정확해야 하며 분명해야 합니다. 그렇지 않으면 그것은 불이 나서 기도하자마자 꺼진 불입니다. 먹기는 먹었는데 400년 동안 노예로 살면서 먹은 것입니다. 혹독한 대가를 치르고 겨우 얻어먹은 것을 마치 애굽이 모든 것

은혜에 꽉 잡힌 인생

을 해결해 준 것처럼 오해하면, 원치 않는 불안을 스스로 만들어갈 수도 있습니다.

모든 문제의 대안은 하나님께 있다

"모세가 여호와께 여짜오되 어찌하여 주께서 종을 괴롭게 하시나이까 어찌하여 내게 주의 목전에서 은혜를 입게 아니하시고 이 모든 백성을 내게 맡기사 내가 그 짐을 지게 하시나이까" (민 11:11).

11절에서 모세의 전형적인 미성숙함을 만나게 됩니다. 하나님은 모세에게 리더십을 주셨습니다. 민족의 지도자로 세우시고, 그의 손에 지팡이를 주셔서 홍해를 가르게 하셨습니다. 여호와의 불이 떨어지면 바로 불이 꺼지게 하는 영적인 능력도 주셨습니다. 그렇지만 모세가 기억하고 살아야 하는 것은 세상이 만들어내는 모든 문제를 해결할 만한 능력을 그에게 주시지 않았다는 사실입니다.

모세라고 해서 모든 정답을 가지고 살지 않았습니다. 베드로라고 해서 답이 있고, 바울이라고 해서 답이 있는 세상을 사는 것이 아니었습니다. 하나님이 그것을 허락하신 적이 없습니다. 그런데 마치 자기가 그런 모든 문제를 해결할 수 있는 능력이 있어야 하는데 하나님이 주시지 않은 것이라고 착각하면, 모세도 미성숙한 삶의 고통을 반복하고 살아갈 수 있습니다.

문제는 하나님이 해결하십니다. 이 세상의 팬데믹을 해결할 수 있는 권한은 미국 대통령이 가지고 있는 것도 아니고, 대한민국 대통령이 가지고 있는 것도 아닙니다. 이것을 누가 가질 수 있다고 생각하는 것 자체가 오해입니다. 빌 게이츠가 그날 전문가들과 상의한 것은 지혜로운 것이지만, 그가 이 문제를 해결하는 것은 아니라는 것입니다.

우리는 앞으로 어떤 일들이 일어날지 아는 것이 없습니다. 또 다른 팬데믹이 일어날지, 일어난다면 그것이 언제 일어날지, 또 MZ 세대 다음에는 어떤 세대가 만들어질지 아는 것이 없습니다. 아마 MZ 세대도 자녀를 낳으면 그 자녀들 때문에 당황할 수밖에 없는 세상을 살아갈 것입니다. 그것이 세상입니다.

"목사님, 팬데믹이 언제 또 일어날까요?"라고 저에게 묻는다면, 저는 그런 권한을 부여받은 적이 없다고 말합니다. 마음으로는 미래를 예측하고 준비하고 다시 팬데믹이 오더라도 당황하지 않고 준비를 잘하고 살면 좋겠지만, 불안한 마음과 흔들리는 생각은 이해되지만, 하나님은 미래에 대한 모든 대안을 사람에게 맡기신 적이 없습니다.

그러므로 우리는 과거를 은혜로 살고, 현재를 행복으로 살고, 미래를 소망으로 살아야 합니다. 모든 과거는 은혜입니다. 오늘은 행복입니다. 그래서 감사로 살아야 합니다. 미래는 아는 것이 없으니 소망으로 살아야 합니다.

그렇습니다. 우리가 하나님을 알아갈수록 세상이 만들어내는 모든 일에 대하여 대안을 가지신, 지금도 일하고 계신 하나님을 만나야 합

은혜에 꽉 잡힌 인생

니다. 자기 백성들을 구원하기 위하여 우리 가운데서 일하고 계신 하나님을 경험하게 되기를 진심으로 축복합니다.

묵상하고 자유하기

내용을 읽고 아래의 물음에 대한 나의 생각을 정리해보세요.

Q. 나는 이해되지 않는 일이 생기면
어떤 반응을 보이나요?

은혜 미리보기

새 움이 돋는 물질적 나무만 보는 나에게
예수님의 십자가 나무를 통해 영원한 생명을 틔우기를
원하시는 하나님의 마음에 공감하게 된다

바람으로 나무를 흔드시고 물길을 내어
움이 돋고 생명을 꽃피게 하시는 주님을 신뢰합니다

고난의 자리에 있을 때 모든 것이 소중하게 보인다면
하나님의 은혜가 우리와 함께하고 있기 때문이다

14

나무는 희망이 있나니

욥기 14장 7-9절

예전에 방영되었던 〈다모〉라는 드라마에 유명한 대사가 나옵니다. "아프냐? 나도 아프다." 사람들은 이 대사가 공감이 무엇인지를 잘 보여주는 것이라며 열광했습니다. 그냥 들어도 굉장히 위로되는 말입니다. 그런데 사실 현실에서 어려운 것은 실제로 나는 아프지 않은데 아프다고 말해야만 할 것 같은 것들입니다.

언어에는 공감이 있고 동정이 있습니다. 심퍼시(Sympathy)와 엠퍼시(Empathy)입니다. 구태여 구별하자면, 동정은 약간의 본능적인 애처로움이라고 할 수 있습니다. 그냥 느껴지는 것입니다. 불쌍히 여기는 것입니다.

그런가 하면 공감은 조금 더 객관화된 언어라고 할 수 있습니다. 그저 느끼는 것이 아니라 다른 사람의 입장을 이해하려는 노력이며 수고라고 할 수 있습니다. 그냥 가만히 있으면 공감되지 않기 때문에, 노력하고 훈련해야만 겨우 가질 수 있는 것이 공감입니다. 아프지 않아도 아프다는 상상력을 발휘해야만 공감을 경험할 수 있습니다.

우리는 12년간의 공교육을 받는 동안 공감이라는 단어를 한 번도 배워보지 못한 세대와, 반대로 공감이 무엇인지 유치원에서부터 배우고 훈련하는 세대가 함께 사는 세상에 있습니다. 그렇다면 우리는 다른 사람이 아프면 나도 아프다고 해야 할까요? 아니면 아프면 병원에 가라고 해야 할까요?

욥기를 통하여 욥이 고난의 자리에서 부러워하고 살았던 삶의 희망에 대하여 함께 묵상해 봅시다. 하나님의 은혜는 욥이 부러워하는 희망보다, 세상이 말하는 공감보다 더 크고 놀라운 것이었습니다.

하나님의 은혜를 발견하는 삶

"나무는 희망이 있나니 찍힐지라도 다시 움이 나서 연한 가지가 끊이지 아니하며"(욥 14:7).

욥이 고난 중에 믿음으로 잘 살았는지 묻는다면 생각보다 대답하기가 쉽지 않습니다. 믿음으로 인내하고 살아가는 것을 상상해 보면 우리는 침묵하고, 자기 삶에 대하여 받아들이고, 참고 살아가는 것을 인내라고 생각합니다. 고난 중에는 떠들면 안 된다고 하고, 고난 중에 있는 사람들은 그저 대역 죄인이나 된 것처럼 산발한 채 재를 뒤

은혜에 꽉 잡힌 인생

집어쓰고 살아야 하는 것처럼 표현하기도 합니다.

그러나 욥기를 천천히 읽어보면 욥은 우리가 상상한 것처럼 그렇게 고분고분한 사람이 아니었습니다. 친구들이 어떤 말을 해도 한 번도 져본 적이 없습니다. "네 죄를 알렸다"라고 그에게 말하면, "그래, 이 모든 것이 나의 부덕의 소치다"라고 인정하며 입을 다물고 가만히 있는 사람이 아니라는 것입니다. 만약 욥이 이런 고난의 자리에서 자기 부덕의 소치를 인정하고 이 모든 것이 자기 때문이라고 고백했다면, 욥기는 4장이나 5장에서 끝이 났을 겁니다.

그런데 욥기를 묵상할수록 놀라운 것은, 욥은 끝까지 말대꾸합니다. 한 번도 져본 적이 없습니다. 때로는 분노하기도 하고, 억울함을 호소하기도 합니다. 친구들의 입장에서는 하루라도 빨리 자기 죄를 인정하고 고난에서 벗어났으면 좋겠는데, 욥은 고집스럽게도 자기 죄를 인정하려고 하지 않습니다. 그러니 친구들이 온갖 상상력을 동원하여 욥을 힘들게 합니다. 이렇게 보면 적어도 욥은 고난이 있다고 기죽어서 모든 것을 자기 탓으로 돌리고 앉아있는 그런 비겁한 사람은 아니었습니다.

욥은 나무들을 바라보며 나무가 부럽다고 고백합니다. 나무를 볼 때마다 신기한 것은 봄이 되면 어김없이 새순이 올라옵니다. 욥의 입장에서도 그런 나무가 부러웠습니다. 찍힐지라도 또 시간이 지나고 보면 그 옆에 잔가지들이 자라고 있는 나무가 부러웠습니다.

나무는 신기하게도 죽은 것처럼 보이는 가지에 어김없이 새순을 만들어냅니다. 봄비가 내리면 다시 살아나기 시작합니다. 또 가지치기하면 할수록 더 왕성하게 자랍니다. 가만히 내버려두는 것보다 누군가가 가지를 자르고 솎아낼수록 더 무성하게 자라는 것이 나무입니다.

욥은 모든 것이 잘려 나간 그 자리에 서게 되자 나무가 부러웠습니다. 잘려 나가는 것으로 끝나지 않고 또다시 거기서 연한 가지를 만들어내는 나무를 보며, 그 나무처럼 다시 무성한 가지를 가지고 싶은 것이 그의 심정이었습니다.

하나님의 은혜가 놀라운 것은, 고난의 자리에 섰을 때 모든 것이 새로운 의미로 다가오기 때문입니다. 모든 것이 소중하게 보입니다. 아프면 건강한 것이 소중하게 보입니다. 경제적인 어려움을 겪으면 일용할 양식이 그냥 주어지는 것이 아님을 알게 됩니다. 인간관계에서 아픔을 경험하면 이웃이 더 소중하게 보이기 시작합니다. 이것이 하나님의 섭리입니다. 하나님의 은혜입니다. 그렇기에 우리는 작은 고난의 자리에서도 가장 소중한 가치들을 발견하고 살아갈 수 있는 믿음의 사람이 되어야 합니다.

이는 건강이 얼마나 소중한지를 알게 하시기 위해 하나님이 우리를 고난의 자리에 세우신다는 말이 아닙니다. 우리는 일용할 양식이 얼마나 중요한 것인지를 배우기 위해 고난의 자리에 서지 않습니다. 이는 하나님이 욥에게 나무처럼 가지가 무성하게 될 것임을 가르치시기 위하여 고난의 자리에 세우신 것이 아니라는 것입니다. 그 자리에 있다 보니 그런 것도 보인다는 것입니다.

은혜에 꽉 잡힌 인생

하나님의 사람은 하나님이 만드신 창조 세계 안에서 하나님의 은혜를 발견하는 사람들이라고 할 수 있습니다. 나무를 보면서 하나님의 은혜를 연상할 줄 아는 것이 우리에게 중요합니다. 모든 사람이 나무를 보고 하나님의 섭리를 발견하는 것은 아닙니다. 어떤 사람은 나무를 보고 그저 놀라서, 또 나무가 혼자서 오랜 시간 살아가는 것을 보고서 거기에 신이 있다고 믿습니다. 나무에 절하는 사람도 있고, 나무를 섬기는 사람도 있습니다. 그러나 욥은 작은 나무를 통하여 역사하시는 하나님의 은혜가 무엇인지를 정확하게 알았습니다.

자기 의를 벗어버릴 때 깨닫는 은혜

"물 기운에 움이 돋고 가지가 뻗어서 새로 심은 것과 같거니와"(욥 14:9).
    욥은 나무가 스스로 재생되는 것이 아님을 알게 되었습니다. 물 기운이 돌아야만 나무가 다시 살아나는 것을 알게 되었습니다. 혼자서 회복되는 것이 아니었습니다.
    사람은 그 코에 생기를 불어넣어 주시는 분으로 말미암아 살아있는 존재가 됩니다. 마찬가지로 나무도 혼자서 일어나는 것이 아니라 물 기운이 있어야만 다시 일어설 수 있습니다.
    욥이 하나님 앞에 간절히 사모한 것은, 자기 삶에도 물 기운과 같은 생기를 불어넣어 주시는 것이었습니다. 그것이 하나님의 은혜였습니다. 그는 혼자 일어설 수 없다는 것을 알았기에 나무를 바라보면서 하나님의 은혜를 사모하며 살았습니다.

사실 욥이 자기 혼자 일어설 수 없음을 인정하는 것이 어려웠던 이유는, 친구들이 그의 고난을 조롱했기 때문입니다. 그가 혼자 일어설 수 없다는 것을 인정하려고 하면 '그것이 바로 너의 죄성'이라고 주장하는 친구들이 항상 주변에 있었습니다. 나 혼자는 연약한 자라는 사실을 얼마든지 고백할 수 있는데, 연약함을 고백하려고 하면 친구들이 언제 들었는지 두 눈을 부릅뜨고 등장했습니다. 그리고 그것이 바로 고난의 이유라고 비난하려 했습니다. 그래서 13장 28절에서 욥은 이렇게 고백합니다. "나는 썩은 물건의 낡아짐 같으며 좀 먹은 의복 같으니이다."

세상이 자꾸 떠드니까 그 앞에서 자기 의를 증명하려고 했는데 아무리 애써도 증명되지 않는 것들이 보이기 시작했습니다. 그는 친구들이 자기를 조롱할 때마다 자기의 죄 없음을 주장하며 지금까지 버티고 살았습니다. 그런데 자기 자신을 냉정하게 돌아보니까, 자기는 썩은 물건의 낡아지는 것과 같고 자기 의는 좀먹은 의복과 같은 것임을 발견하게 됩니다. 이것으로 자기를 증명하기에는 너무나 부족한 것이 많았습니다. 자기가 지금까지 사랑하고 살았던 모든 것은 좀먹은 것들이었고, 해지는 것들이었고, 썩어서 문드러지는 것들이었습니다.

그러나 하나님의 은혜는 지금까지 가지고 살던 좀먹은 의복과는 족히 비교할 수 없는 것이었습니다. 그분의 생기가 찾아오면 다시 회복하실 것을 알았습니다. 그리고 자기가 가진 의로 자신을 증명할 수

은혜에 꽉 잡힌 인생

없다는 것을 알았을 때, 그는 나무에 다시 생기를 불어넣으시는 하나님의 은혜를 사모하는 자리에 설 수밖에 없었습니다. 자기 의는 좀먹은 의복과 같은 것들이었기에, 그 의로 고난을 해결하려고 하지 않는 것이 비결이었습니다.

성경에 등장하는 소경 바디매오는 예수 그리스도를 만났을 때 좀먹은 것 같은 겉옷을 던져버렸습니다. 지금껏 자기를 감싸고 있던 겉옷 하나로 평생을 먹고살았는데, 그 겉옷을 벗어버리고 예수 그리스도 안에 있는 새로운 옷으로 살아가기를 원했습니다. 욥도 마찬가지입니다. 자기가 지금까지 자랑하며 살던 의라는 것이 좀먹은 의복과 같은 것임을 알게 되었을 때, 그는 그 의에 대하여 집착하지 않게 되었습니다. 그것은 그래봐야 썩어 문드러지는 것들이었습니다.

그렇습니다. 우리도 하나님 앞에 설 때, 자기를 보호한다고 생각했던 겉옷을 벗어버리고 하나님의 은혜를 붙잡게 되기를 바랍니다.

한 번 사는 인생의 은혜

"장정이라도 죽으면 소멸되나니 인생이 숨을 거두면 그가 어디 있느냐"(욥 14:10).

욥은 자기 의를 벗어버리고 하나님의 은혜를 붙잡을 때 대단한 고백을 하게 됩니다. "장정이라도 죽으면 소멸되나니"라는 말은, 아무리 건장한 사람이라도 한 번 죽으면 다시 소생하지 않는다는 것입니다. 욥은 인생이 숨을 거두면 나무처럼 여기서 소생하는 자신을 만들지 않는다는 것을 알게 되었습니다.

그는 처음에 나무를 부러워했습니다. 가지가 잘리면 또다시 연한 가지를 만들어내는 나무가 부러웠습니다. 물이 돌기만 하면 다시 살아나는 나무가 영원한 생명을 가지고 있는 것 같아서 부러웠습니다. 그것이 희망이고 소망처럼 보였습니다. 그런데 알고 보니 자기 자신 안에 더 놀라운 사실이 있었습니다. 우리가 다시는 이 땅에 태어나지 않는다는 것입니다.

자신의 생명은 이 땅에서 잘리면 다시 새순이 올라오고 죽은 것 같다가도 다시 살며 100년을 살고 500년을 사는 것이 아니라 한 번 사는 것으로 끝나고 죽으면 영원한 곳에서 고통 없는 삶을 살아간다는 것을 알게 되었을 때, 그것은 기적이었습니다. 이것이 500년을 사는 은행나무나 1000년을 사는 주목보다 더 놀라운 이유는, 자신은 이곳에서 영원히 살지 않고 다시는 이 땅에 태어나지 않기 때문입니다. 이 땅에서 죽었다가 다시 소생하는 것 같은 나무가 부럽지 않은 것은 이 땅에서 한 번 사는 것으로 이런 고난을 반복하지 않기 때문입니다. 그것은 행복이었습니다.

"한 번 죽는 것은 사람에게 정해진 것이요"(히 9:27). 하나님이 사람에게 정하신 것이 있습니다. 그것은 한 번 죽는다는 것입니다. 한 번 죽는 것이 얼마나 큰 축복인지 알게 됩니다. 우리는 한 번 죽으면 다시 죽지 않습니다. 한 번 죽으면 다시 세상에 태어나지 않습니다. 눈물과 고통으로 얼룩진 세상을 다시 살지 않아도 된다는 것은 축복입니다.

우리의 생명은 이 땅에서 태어나고 죽는 것을 반복하지 않으며 이 땅에서 어떤 고난과 역경을 경험하고 살았든지 다시 이 삶의 자리에 돌아오지 않습니다.

"그가 어디 있느냐." 영원한 천국에 있습니다. 그렇기에 다시는 삶의 기회가 주어지지 않는 것이 축복입니다. 우리에게 다시 기회를 주어도 우리는 육신의 몸을 입고 있는 한, 또 갈등해야 하고 아파야 하고 힘들게 돌고 돌아 겨우 무엇을 발견하고 깨달아서 겨우 좀먹은 의복 같은 의 하나를 붙잡아야 합니다. 세상 모든 의를 다 이룬 것처럼 살아갈 것이 불 보듯 뻔한 일입니다. 그래서 나무처럼 다시 살지 않는 것은 축복이었습니다. 욥이 그렇게 고백하는 것입니다.

우리에게 영원히 살아갈 생명이 있다는 것을 알게 되니 수많은 겨울을 보내며 버티고 견디고 살아야 하는 나무가 부럽지 않습니다. 500년을 살면 500번의 겨울을 경험하고 살아야 합니다. 여기 다시 살지 않는 것이 행복입니다.

우리는 이 땅을 살아가는 동안 나그네로, 순례자로, 청지기로 살아갑니다. 하나님이 우리에게 무엇을 맡겨주셨든지 한 번의 기회를 가

지고 살아갑니다. 그러므로 세상이 어떤 절망과 아픔을 만들어낸다
고 할지라도 우리는 부르심을 받은 자리에서, 단 한 번의 기회 앞에
서 이웃들과 태신자들에게 여전히 하나님 안에 있는 소망을 자랑해
야 합니다. 생명을 사랑하고, 부활을 꿈꾸며 살아가는 믿음의 사람이
되기를 축복합니다.

묵상하고 자유하기

내용을 읽고 아래의 물음에 대한 나의 생각을 정리해보세요.

Q. 나에게 있어 인생의 궁극적인 목적은 무엇인가요?

은혜 미리보기

포로와 같은 치열한 삶이라 해도, 기적을 만드신
하나님으로 인해 꿈꿀 수 있는 행복으로의 초대

사모하는 영혼에게 언제나 만족함을 주시는
하나님을 신뢰하다

내가 생각하는 바른길이 아닌
하나님이 원하시는 바른길

꿈꾸는 사람에게 하나님이 기적을 주신다는 말씀이
단비와 같이 달게 느껴졌음

잃어버린 것보다 반드시 더 좋은 것으로 복되게 하시는
전능하신 하나님의 기적을 믿으며,
오늘 주신 삶을 충실히 살아갑니다

사모하는 영혼

시편 107편 6-9절

노르웨이 오슬로에 가면 화가 에드바르트 뭉크의 미술관이 있습니다. 거기서 꼭 봐야 하는 작품이 있다면 그가 1893년에 그린 〈절규〉라는 작품입니다. 그림 속 인물의 하얗게 질린 표정과 달리, 뒤에 비친 저녁노을은 핏빛처럼 잔인하게 보이기도 합니다. 그의 주변을 감싸고 있는 핏빛 두려움 앞에 마치 작가가 절규하고 있는 것처럼 보입니다.

과학자는 이 그림을 보며 북 위도가 높은 곳에서는 더 붉은 노을을 볼 수밖에 없다고 설명합니다. 북위 38도를 사는 우리의 저녁노을보다 북위 58도를 사는 오슬로의 저녁노을이 더 붉을 수밖에 없다는 것입니다.

뭉크는 믿음 좋은 가난한 의사의 아들로 태어났습니다. 그의 아버지는 근본주의자였고 엄격하고 무서웠습니다. 그는 아버지에게서 자상하다, 사랑스럽다와 같은 위로와 격려를 받아본 적이 없었습니다. 그래서 그의 마음에 있던 무거운 짐은 그를 절규하게 했습니다. 자기 의에 집착하고 탁월한 정직함으로 평생을 가난하게 살아가는 의사 아버지를 만난 것은 그의 두려움이 되었습니다.

빈센트 반 고흐의 아버지도 보편 이상으로 엄격하고 고지식했습니다. 그런 아버지의 고지식함은 고흐에게 광풍이 되었습니다. 이렇게 보면 1800년대를 살아가는 데 제일 힘든 것은 엄격한 아버지인 것처럼 보이기도 합니다. 매를 맞았다는 것이 그렇게 힘든 것이 될 줄은 몰랐습니다.

그러나 그 시대를 살았던 사람들이 엄격한 아버지를 만났어도 모두의 마음에 광풍이 부는 것은 아니었습니다. 같은 시대를 살았던 조지 뮬러는 자기 상처를 극복하고 고아들의 아버지로 살았습니다. 이처럼 세상이 만들어내는 광풍 속에서도 은혜를 사모하는 영혼으로 살아가는 길에 대하여 시편을 통해 묵상해 봅시다.

고통 가운데 건지심

"이에 그들이 근심 중에 여호와께 부르짖으매 그들의 고통에서 건지시고"(시 107:6).

시편 기자도 광풍의 세상을 살았던 것으로 보입니다. 심중에 부르짖어야 하는 삶의 광풍이 있었습니다. 하나님의 백성들은 하나님께 부르짖으며 살았습니다. 그분께 부르짖으면 하나님이 그들을 고통에서 건지신다는 것이 시편 기자의 노래이기도 했습니다.

말씀을 읽고 묵상할 때마다 우리가 누리는 은혜는, 하나님의 말씀이 우리가 미처 생각하지 못한 것을 보여주기 때문입니다. 우리가 고통 중에 있을 때는 심중에 부르짖는다는 것을 알 수 없었습니다. 그런데 성경을 펼쳐두고 말씀을 읽고 묵상하는 중에 "아! 그렇구나, 고통이 있을 때는 근심 중에 하나님께 부르짖으며 살아야 하는 삶이 있구나" 하는 것을 발견하게 됩니다.

뭉크는 그 은혜가 보이지 않는 세상에서 살았습니다. 그런 세상은 가끔 우리 앞에 나타나기도 합니다. 그래서 사람들은 처음 살아보는 세상에 당황합니다. 그러나 알고 보면 처음 경험하는 세상은 아니었습니다. 이미 경험했고, 몇 번이라도 반복하며 살아가는 세상임을 성경을 통하여 알게 됩니다.

본문에 등장하는 하나님의 백성들이 왜 근심 중에 여호와께 부르짖으며 살아야 했는지 질문한다면, 하나님은 우리가 세상을 살아가는 동안에는 이 근심이라는 것이 끝나지 않음을 말씀하기를 원하셨습니다. 근심은 에덴에서 쫓겨난 그때로부터 21세기 4차 혁명 시대까지 한 번도 끝나본 적이 없는 본질적인 두려움입니다.

1800년대를 살았던 사람들에게는 2차 산업혁명이 두려움이었습니다. 그 시기 영국은 자기 나라의 산업을 살리려고 노르웨이에서 나무를 가져왔습니다. 도시는 석탄 연기로 가득하게 되었습니다. 또 공장이 만들어지면서 사람들이 공장에 출근하기 위해 도시로 몰려들었습니다. 그런데 사람들이 넘쳐나도 화장실 하나 제대로 만들어 본 적이 없었습니다. 그러자 수인성전염병으로 어른들이 죽어 나가기 시작했습니다. 그때부터 수많은 고아가 생겨났습니다.

뭉크의 어머니도 서른 살에 세상을 떠났습니다. 그가 의지했던 누나도 어린 나이에 폐결핵으로 세상을 떠났습니다. 그런데 가족들이 목숨을 잃는 와중에도 그의 아버지는 더 엄격하고 고지식한 삶의 태도를 지켜갔습니다. 결국 뭉크의 동생은 조현병을 앓았습니다. 이것이 2차 산업혁명의 한가운데서 유럽인들이 살아간 전형적인 현실이었습니다. 그렇기에 그들은 절규하며 두려워할 수밖에 없었습니다. 그뿐만이 아닙니다. 전적으로 하나님만 의지하고 살아가는 것을 조롱하는 사람들이 생겨났습니다. 그들은 교회를 외면하고 떠나갔습니다. 이로 인해 더 큰 고통과 광풍이 부는 세상에 내몰릴 수밖에 없었던 것이 현대인들이었습니다. 지금 200년째 이 방황은 끝나지 않는 절규를 만들어내고 있습니다.

이스라엘 백성들에게도 고통스러운 시간이 있었습니다. 그것은 광야였습니다. 시편 107편 4절은 "그들이 광야 사막 길에서 방황하며 거주할 성읍을 찾지 못하고"라고 말씀합니다. 방황하는 시간이 있었습니다.

사실 광야에서 방황하며 사는 시간은 모든 인간이 경험하고 살아

　　　　　　　　　　　　　　　　　　　은혜에 꽉 잡힌 인생

가는 시간이기도 합니다. 광야에 한 번도 나가 본 적이 없는 삶은 존재하지 않습니다. 모두가 광야를 경험합니다. 그런데 조상들이 다 경험하고 살아온 삶의 현장이 유독 그들에게 잔인하게 느껴지는 것은, 그들이 그런 광야를 잘 살아갈 만한 면역력을 가지고 태어나지 않았기 때문입니다. 조상들이 고난을 많이 겪었으면 그들만큼은 고난에 잘 적응하거나 해결하는 유전자를 가지고 태어나면 참 좋을 텐데, 실망스럽게도 조상들이 경험한 두려움의 유전자만 고스란히 물려받아야 하는 것이 인간의 고통이기도 합니다.

인류가 진화한다면 고난에 탁월하게 진화한 인류가 되어야 합니다. 고통에 대한 면역력이 생기거나 아니면 적어도 고난을 만났을 때 잘 적응하는 유전자로 태어나야 합니다. 그러나 인류는 그렇지 않습니다. 고난이 닥치면 고스란히 고통을 반복하고 살아갑니다. 인생의 비바람이 불면 '아 그렇구나' 하는 깨달음을 경험해 보지 못한 사람처럼 당황합니다.

그래서 시편 기자는 107편에서 하나님을 노래하며, 고통 가운데서 건지시는 하나님을 바라보라고 호소합니다. "고통에서 건지시고"(6절) "고통에서 구원하시되"(13절) "그가 그들의 고통에서 그들을 구원하시되"(19절) "그가 그들의 고통에서 그들을 인도하여 내시고"(28절). 하나님을 떠나는 것이 아니라 그 가운데 함께하신 하나님의 은혜를 붙잡으라고 말합니다.

우리도 마찬가지입니다. 인생의 어떤 고통을 만나더라도 우리가 그 속에서 건지시고, 구원하시고, 고통에서 피할 길을 인도하시는 하나님을 붙잡을 수 있기를 바랍니다.

바른길로 인도하심

"또 바른 길로 인도하사 거주할 성읍에 이르게 하셨도다"(시 107:7).

시편 기자는 하나님이 자기 백성들을 바른길로 인도하시는 분이라고 말씀합니다. 여기서 말하는 바른길은 하나님이 인도하시는 길입니다. 그런데 사람들은 자기가 원하는 길이 바른 것으로 오해하기도 합니다.

하나님은 우리가 생각하는 길보다 더 중요한 것이 그분이 원하시는 길이라고 말씀합니다. 하나님은 언제나 자기가 원하시는 길이 바른길이라고 하십니다. 이런 것에서 하나님은 한 번도 자기 길을 사람들에게 양보하신 적이 없습니다. 어떤 사람들은 이런 하나님을 지독한 하나님으로 오해하기도 합니다.

하나님은 자기 백성들을 애굽으로 인도하셨습니다. 처절한 가난과 기근으로부터 자기 백성들을 보호하시기 위하여 요셉을 애굽으로 보내셨습니다. 그래서 자기 부모를 데리고 애굽으로 내려가는 것은 요셉의 꿈이었습니다. 요셉은 꿈꾸는 사람이었습니다. 그 꿈은 자기 꿈이 아니라 하나님의 꿈이었습니다. 하나님의 꿈 때문에 종으로 팔려 가는 삶이 되기도 했습니다. 그러나 그는 그 꿈을 한 번도 잃어버린 적이 없었습니다.

하나님이 원하셨기에 야곱의 가족은 애굽에 내려가서 400년을 살았습니다. 하나님은 자기 백성들이 나라를 세울 수 있는 200만 명의 거대한 민족이 되는 시간을 애굽에서 보내기를 원하셨습니다. 그런데 이스라엘 백성들은 애굽으로 내려가지 않았어야 바른길이었다고 고집했습니다. 왜 우리를 애굽의 종 되었던 집에 내버려두셨냐고 따졌습니다. 전형적으로 자기 생각이 바른길이라고 주장하는 사람들이라고 할 수 있습니다.

하나님은 그들이 애굽에 머물러 있는 동안 그들의 거처를 정해주셨습니다. 또 세상의 기근으로부터 보호하셨습니다. 목축업을 배우게 하시고, 건강한 산모를 통하여 거대한 민족을 만드시고, 그곳에서 힘써 수고함으로 수많은 금은보석으로 출애굽할 수 있는 기반을 만들어주셨습니다. 그리고 그것이 가나안 땅에 국가를 세울 수 있는 기반이 되게 하셨습니다.

민수기 7장 3절에 보면 그들이 드린 헌물을 여섯 개의 수레에 실었다고 기록합니다. 그들은 출애굽할 때 빈손으로 나오지 않았습니다. 애굽에서 사는 동안 굶어 죽어서 민족이 말살당하지 않았습니다. 굶주리고 메마른 몰골로 나오지 않고, 금은을 수레에 싣고 나왔습니다. 기근으로 인해 내려간 애굽에서 200만의 거대한 민족이 되게 하시고 그곳에서 인생의 나이만 자랑하던 민족을 고난의 역사를 통하여 강한 민족으로 만들어주셨는데, 그들의 눈에는 그것이 보이지 않았던 것입니다.

마찬가지로 이스라엘 백성들이 바벨론에 포로로 끌려갔을 때, 그들은 굶어 죽지 않았습니다. 오히려 그곳은 다니엘이 있고, 믿음 좋은 느헤미야가 있고, 학개와 에스라 같은 학자들이 세워지는 세상이었습니다. 하나님은 고난을 통하여 자기 백성들을 버리신 적이 없습니다. 5만 명이 내려갔는데 5만이 돌아오는 고난이었습니다.

하나님은 이스라엘 백성들이 애굽에 내려갔을 때도 거처를 만들어주시고 바벨론에 포로로 끌려갔을 때도 거처를 만들어주셨으며, 그들이 다시 돌아올 때는 언제나 더 큰 민족이 되게 하셨습니다. 바벨론에 포로로 끌려갔지만 거기서 공중정원을 보았고, 느헤미야는 더 튼튼한 성벽을 세웠습니다.

이렇듯 하나님은 언제나 그분이 인도하시는 길이 바른길임을 보여주십니다. 그러므로 우리도 하나님이 인도하시는 길에서 바른길을 경험하게 되기를 바랍니다. 사람들의 바른길이라고 하는 것은 언제나 시대적인 기준이 될 수밖에 없습니다. 그 시대가 만들어주는 인간의 바른길은 사람의 길이 될 수밖에 없습니다.

사람의 머리카락은 길 때도 있고 짧을 때도 있습니다. 그런데 머리카락을 자르면 모든 것을 다 잃어버리는 것처럼 고집하며 살아가면, 평생 자기 길만 걸어갈 수도 있습니다. 우리가 때로는 감당하기에 버거운 고난을 만날지라도, 거기서도 거처를 만들어 주시고 반드시 복되게 하시는 하나님의 바른길을 붙잡기를 바랍니다. 하나님이 인도하시는 바른길을 사모하고 살게 되기를 소망합니다.

은혜에 꽉 잡힌 인생

"그가 사모하는 영혼에게 만족을 주시며 주린 영혼에게 좋은 것으로 채워주심이로다"(시 107:9).

하나님은 사모하는 영혼에게 만족을 주시는 분입니다. 사모하는 영혼에게 좋은 것으로 채우시는 하나님입니다. 그렇다면 누가 그런 하나님을 만나며 살아갈 수 있습니까? 하나님의 바른길을 사모하는 사람입니다.

하나님이 애굽으로 내려가라고 하실 때 내려가는 것이 바른길입니다. 바벨론에 잠깐 다녀올 것인데 그 일로 인하여 너희가 열방 가운데 복의 통로가 될 것이라고 하셨을 때, 그 길을 함께 걸어가는 것이 바른길이었습니다. 광야 40년을 걸어가는 동안 사람들이 죽어 나가는 것만 본다면 하나님이 하시는 일의 반 밖에 보지 못하는 것입니다.

하나님은 광야 40년 동안 불순종한 이스라엘 백성들을 제거하는 일만 하시지 않았습니다. 가나안을 정복하고 살아갈 수많은 생명을 만들어내셨습니다. 해마다 20만 명이 죽어가는 세상에서, 해마다 20만의 새 생명을 만들어내시고 가나안 정복이라는 위대한 일을 준비하시는 것이 하나님의 섭리였습니다. 이렇듯 하나님은 언제나 광야에서 기적을 만드시는 분입니다.

"여호와의 인자하심과 인생에게 행하신 기적으로 말미암아 그를 찬송할지로다"(8절). 무엇이 기적입니까? 하나님의 길이 기적입니다. 기근으로 애굽에 내려간 민족을 200만의 거대한 민족으로 만드시는 것이 기적입니다. 광야 40년 동안 모든 사람이 죽어가는 것처럼 보이는 세상에서, 새로운 생명 150만 명을 만들어내는 것이 기적입니다. 바벨론의 포로 생활 속에서도 자기 백성들에게 거처를 만들어주시고 그 5만이 그대로 돌아오게 하시는 것이 기적입니다. 그분을 찬송하며 살아야 합니다.

우리가 지금까지 경험하며 살아온 고난의 자리에서 잃어버린 것은 무엇입니까? 하나님은 한 번도 자기 백성들을 외면하신 적이 없습니다. 어떤 고난을 만난다고 할지라도 잃어버린 것이 있으면, 반드시 더 복된 것으로 자기 백성들을 지켜내시는 것이 하나님의 기적입니다. 그렇기에 하나님을 잃어버리면 고난 앞에서 절규할 수밖에 없습니다.

뭉크는 절망 앞에서 절규했지만 조지 뮬러는 고아들이 밀려오는 세상에서도 절규하지 않고 고아의 아버지로 살아가는 삶의 기회를 만들어냈습니다. 우리도 어떤 고난의 자리에서도 하나님의 은혜를 사모하는, 꿈꾸는 인생이 되기를 소망합니다.

은혜에 꽉 잡힌 인생

묵상하고 자유하기

내용을 읽고 아래의 물음에 대한 나의 생각을 정리해보세요.

Q. 고난 가운데 있을 때 하나님을 신뢰하고 의지하지
못하게 하는 것은 무엇인가요?

은혜는

우리를

살게 합니다

4장

긍휼하심

그분의 기준으로 사람들을 축복하시는
하나님을 신뢰하며, 내가 가진 재능으로 하나님을 섬기자

부족한 나의 의지와 결정도 인애로 덮으시는 하나님.
그분의 크심을 통해 얻은 자유함과 평안

모든 것을 하실 수 있는 하나님은 나에게 요구하시고
정죄하시기보다, 내가 하고 싶어 하는 것을
이루게 하시기 위해 위로하시고 격려하시는 분

하나님은 말할 수 없는 탄식으로
나를 돕기를 원하시는 아버지

네게 인애를 베푸실 것이라

신명기 7장 12절

우리는 생일이 되면 주로 케이크를 먹습니다. 케이크에 덮인 하얀 생크림에 딸기가 올라가면 고급스러워지고 풍미도 생길 뿐만 아니라, 생크림만 먹는 것보다는 조금 더 건강하게 먹을 수 있습니다. 그런데 신기한 것은 기름진 생크림 위에 딸기가 올라가면 건강하게 보이지만, 딸기 위에 생크림이 덮이면 모든 건강을 다 잃어버릴 것 같은 생각이 듭니다.

1954년 미국의 담배 회사들은 대대적으로 광우병에 관한 조사를 시작했습니다. 그 회사들이 광우병에 관하여 연구하기 시작한 것은 담배보다 광우병이 더 위험하다는 것을 과장하고 싶었기 때문입니다. 담배가 폐암의 원인이라는 연구 자료가 발표될 것 같으니까, 이참에 광우병이 더 위험하다는 것을 발표해서 사람들의 시선을 돌려

놓자는 것이었습니다.

이렇듯 사람들이 담배보다 광우병이 더 위험하다고 느끼는 것은 누군가가 만들어 놓은 편향 때문입니다. 게다가 언론이 이 편향을 대대적으로 광고하면, 사람의 생각을 바꾸는 것은 어렵습니다. 이쯤 되면 사실 여부는 더 이상 중요하지 않게 됩니다. 그래서 지금도 담배보다 광우병이 더 위험하다고 주장하는 사람들이 있습니다.

우리는 하나님의 말씀대로 살아야 하는 자리에 부르심을 받았습니다. 그런데 우리에게는 불리한 것이 있습니다. 바로 우리가 한글이라는 언어적 편향 안에 있다는 것입니다. 그래서 '은혜'라고 할 때 그 은혜의 개념을 얼마나 잘 이해하고 있을까 하는 것이 의문입니다.

은혜. 한자로는 恩惠라고 쓰고 은혜라고 읽습니다. 그런데 이 은혜가 무엇인지 제일 방해하는 것이 한자입니다. 은혜(恩惠)라는 단어를 사전에서 찾아보면 "하나님의 은혜나 부처님의 은혜"라고 기록합니다. 부처님은 무엇을 하는 것이 없습니다. 그런데도 똑같이 은혜라는 언어를 사용하는 세상입니다. 그러므로 여기서는 '인애'라고 표현된 하나님의 은혜에 대하여 말씀을 묵상해 봅시다.

은혜에 꽉 잡힌 인생

믿음의 자리에서 듣고, 지키고, 행하는 것

"너희가 이 모든 법도를 듣고 지켜 행하면 네 하나님 여호와께서 네 조상들에게 맹세하신 언약을 지켜 네게 인애를 베푸실 것이라" (신 7:12).

본문에 세 가지 동사가 등장합니다. '듣다' '지키다' '행하다' 입니다. 이 동사들은 모두 순종이라는 단어와 연결되어 있습니다. 듣는 것이 순종입니다. 지키는 것이 순종입니다. 그리고 행하는 것이 순종입니다. 우리는 들어야 하는 것이 있고, 지켜야 하는 것이 있고, 행하고 살아야 하는 것이 있습니다.

한국어 중에 제일 이해하기 어려운 것이 이 순종이라는 단어입니다. 하나님이 이스라엘 백성들에게 순종하라고 하셨을 때의 순종은 자기 백성들에 대하여 충분히 이해하신 단어였습니다. 자기 백성들의 수준이 어느 정도 된다는 것을 아셨습니다. 그리고 자기 백성들이 얼마나 잘 지켜낼 수 있을지에 대해서도 충분히 이해하신 후 순종하라고 하셨습니다. 그런데 우리가 이 단어를 말할 때는 그러한 이해 없이 합니다. 그래서 절대적인 순종, 무조건적인 순종을 해야만 복을 받는다고 하고, 순종하지 않으면 복이 되지 않는다고 편향적인 확정을 하기도 합니다.

그렇게 하고 나니 이상한 것이 하나 생겼습니다. 바로 자기 자신입니다. 별로 한 것도 없는 오늘을 행복하게 살아가고 있는 자기 자신을 만납니다. 내가 오늘 하나님께 순종한 것이 있을까요? 들은 것이 있을까요? 지킨 것이 있을까요? 행한 것이 있을까요? 이렇게 물으면 들은 것도 없고, 지킨 것도 없고, 행한 것도 없는데 오늘 나는 멀쩡하게 살아있습니다. 들은 것도 없는데 잘 살고 있습니다. 지키는 것이 무엇인지도 잘 모르는데 잘 살고 있습니다. 행하고 살아갈 만한 것이 무엇인지도 잘 모르는데 지금 살아있습니다. 이러한 팩트를 체크해 보면 모든 것이 은혜 때문이었습니다.

이스라엘 백성들은 오랫동안 율법 안에서 살았습니다. 바벨론 사람들은 함무라비 법전 아래서 살았습니다. 조선이라는 나라는 덕치 국가로서 오랫동안 도덕으로 살았습니다. 그런데 한번 생각해 봅시다. 이스라엘 백성들이 아무리 율법을 외쳤어도 그들은 홍해를 건넜습니다. 그리고 만나를 먹으며 광야 40년을 살았습니다. 쉽게 말하면, 그들은 한 것이 아무것도 없는데 하나님의 은혜로 출애굽했다는 역사적인 사실을 가지고 있습니다.

누군가가 그들에게 묻습니다. "당신들이 애굽에서 사는 동안 율법을 잘 지켜서 출애굽하고 구원받은 것입니까?" 그러면 누구도 부인할 수 없는 것은 아니라는 사실입니다. 이것은 이스라엘 백성들이 제일 잘 압니다. 그들은 당연히 하나님의 구원, 하나님의 은혜가 먼저라는 것을 정확하게 알고 있습니다. 바리새인들도 정확하게 알고 있습니다.

정작 문제는 오랫동안 도덕적인 질서 안에서 살았던 사람들이 순종이라는 단어를 처음 들었을 때입니다. 그들은 출애굽을 해본 적이 없습니다. 누군가로부터 존중을 받아본 적이 없습니다. 홍해를 건넌 적도 없고, 만나를 먹어본 적도 없습니다. 그렇기에 순종이라는 단어를 들으면 그들에게는 은혜 없는 순종이 될 수밖에 없었습니다.

본문에 등장하는 이스라엘 백성들은 홍해를 건넌 사람들입니다. 이미 구원이 무엇인지 알고 있습니다. 누구도 부인할 수 없는 따끈따끈한 출애굽의 경험을 가지고 있습니다. 그러니까 누가 뭐래도 그들은 하나님의 구원, 하나님의 은혜가 무엇인지 정확하게 잘 알고 있습니다. 그리고 그것은 그저 받은 것입니다. 그들은 하나님을 향하여 통곡하는 것 외에는 해본 것이 없습니다.

이스라엘 족속이 애굽에서 사는 동안 도덕적인 탁월성을 확보하여 애굽 사회를 업그레이드 시켰거나, 그들의 탁월한 도덕성을 증명하였더니 하나님의 구원이 완성되었거나, 그들이 주야로 하나님의 말씀을 묵상하고 살았더니 구원받은 것이 아닙니다. 그때는 들을 수도 없었고, 지킬 수도 없었고, 행할 수도 없었다는 것을 모든 사람이 알고 있습니다.

이스라엘 백성들이 애굽에서 잘 살고 탁월하고 정말 도덕적이어서 하나님이 그들을 구원해 주신 것이 아니라는 사실을 우리는 잘 알고 있습니다. 그런데 하나님이 그들에게 "들으라, 지키라, 행하라" 말씀하십니다. 죽었다가 깨어나도 하나님의 은혜를 부인할 수 없는 사람들에게 듣고 지키고 행하라고 하셨다는 것입니다. 그렇기에 우리도 하나님의 은혜로 구원받은 믿음의 자리에서 듣고, 지키고, 행하고 살아가는 믿음의 사람이 되기를 소망해야 합니다.

문제가 되는 것은 하나님의 은혜가 무엇인지 잘 모르는 사람들이 이 말씀을 들었을 때입니다. 출애굽을 경험하지 못한 사람이 들으면 하나님의 말씀이 사람을 잡는 것처럼 들릴 수밖에 없습니다. 그래서 율법주의자가 되기도 하고, 바리새인이 되기도 합니다.

부르신 곳에서 살아가는 것

"여호와께서 아브람에게 이르시되 너는 너의 고향과 친척과 아버지의 집을 떠나 내가 네게 보여 줄 땅으로 가라"(창 12:1).

하나님은 아브라함에게 찾아오셔서 고향과 친척과 아버지의 집을 떠나 그에게 보여줄 땅으로 가라고 하십니다. 그러자 아브라함은 아버지의 집을 떠나 하나님이 보여주기를 원하시는 땅으로 갑니다. 아브라함은 하나님의 말씀을 듣고 지켰습니다. 그리고 행했습니다. 이것이 아브라함의 순종이었습니다.

그런데 안타까운 사실은, 하나님이 매일 아침 찾아오셔서 아브라함에게 무엇인가를 말씀하신 게 아니라는 겁니다. 떠나라고 하셔서 떠났는데, 모든 것을 말씀하지는 않으셨습니다. 그래서 이스마엘도 만들고, 조카 롯에게 땅을 내어주기도 하고, 하갈을 애굽으로 보내기도 하고, 아내를 잃어버리기도 하는 우여곡절의 삶을 만들어냅니다.

은혜에 꽉 잡힌 인생

왜 그랬을까요? 하나님이 그런 것에 대하여 말씀하신 적이 없기 때문입니다. 들어야 하는데 하나님이 말씀하시지 않으니까 들을 수 없었습니다. 그러던 어느 날이었습니다. 하나님이 아브라함에게 찾아오셔서 아들을 바치라고 하십니다. 그러자 그가 아들을 데리고 모리아 산으로 갑니다. 이것이 아브라함이 살아가는 삶의 방식이었습니다. 하나님이 아무 말씀도 하시지 않을 때 그는 그냥 세상을 사는 사람이었습니다.

아브라함이 가진 최고의 기술은 우물을 파는 것이었습니다. 그리고 그가 만든 우물은 이삭에게 복이었습니다.

하나님은 아브라함에게 우물을 파라고 말씀하신 적이 없습니다. 그런데 그는 우물을 팠습니다. 그것이 부르심을 받은 아브라함이 세상을 살아가는 삶의 지혜였습니다.

모두가 들판에 소를 방목하고 살아갈 때, 아브라함은 우물을 만들고 목장을 만들어서 우물 곁에 자기의 소들을 모으는 사람이었습니다. 아브라함이 달리 부자가 된 것이 아닙니다. 우물을 잘 파는 기술이 있었습니다. 또한 물이 잘 나오는 곳을 찾는 것도 그 당시 최첨단 산업이었습니다.

우물을 파서 자기 지경을 넓혀가는 것이 말씀대로 사는 것이고 하나님의 뜻대로 사는 것이고 행하는 것이고 지키며 살아가는 것이었는데, 그것이 아브라함에게 복이었습니다.

그렇다면 하나님이 아브라함에게 우물을 파라고 하신 적이 없는데 우물을 파는 것은 불순종일까요? 말씀하시기 전에 우물을 파면 세상으로 도망하는 것일까요? 하나님이 가라고 하시고 그에게 보여주신 땅에서 우물을 파고 살아가는 것은 아브라함에게 있어서 하나님의 말씀을 듣는 것이고, 지키는 것이고, 행하는 것이었습니다.

어떤 집사님이 제게 질문한 적이 있습니다. "목사님, 떡볶이 가게를 하고 싶은데 제가 해도 될까요?" 그래서 저는 이렇게 말했습니다. "집사님이 떡볶이를 만들어서 가족에게 주었을 때 가족들이 맛있다고 하나요?" 그런데 그런 것은 아니었습니다. "그러면 전에 요리를 좀 해보신 적이 있나요?" 그런 것은 아니지만 본사에서 모든 것을 보내준다고 해서 한번 해보려 한다고 했습니다. 여기에 듣는 것이 있습니까? 지키는 것이 있습니까? 또 행하는 것이 있습니까? 그래서 저는 집사님에게 말했습니다. 떡볶이 가게는 내가 먹어도 맛있고, 가족들도 맛있다고 하고, 교회 공동체 사람들도 맛있다고 하면 하는 것이 좋겠다고 말입니다.

늘 함께하는 것

"너희가 이 모든 법도를 듣고 지켜 행하면 네 하나님 여호와께서 네 조상들에게 맹세하신 언약을 지켜 네게 인애를 베푸실 것이라" (신 7:12).

은혜에 꽉 잡힌 인생

우리는 하나님의 말씀을 들어야 하고 지켜야 하고 행하고 살아야 합니다. 그렇다면 하나님은 무엇을 하실까요? 하나님은 그분이 하시는 일에 대해 정확하게 선을 그으십니다. 그분은 인애를 베푸신다고 말씀합니다. 인애를 베푸시는 하나님입니다. 율법으로 벌하시는 하나님이 아닙니다. 도덕으로 때려잡는 분도 아닙니다. 하나님은 그분의 기준을 가지고 자기 백성들을 사랑하시는 분인데, 본문은 그것을 인애라고 말씀합니다.

　　사람들은 대부분 자기 기준을 가지고 살면서 분노합니다. 그 기준으로 다른 사람을 힘들게 합니다. 때로는 그 기준 때문에 다른 사람을 돌로 치기도 합니다. 그것이 사람의 기준입니다. 그러니까 일정한 기준이 있는 사람은 다른 사람을 아프게 하고 힘들게 하는 사람입니다. 자기 눈에는 그렇게 보인다는 것입니다. 그런데 하나님은 그분의 기준으로 사람들을 축복하시는 분입니다. 들어야 할 것 같고, 지켜야 할 것 같고, 행하고 살아야 할 것 같은데 하나님의 인애는 자기 백성들에게 무엇을 말씀하지 않으십니다. 무엇을 말씀하면 자기 백성들이 주눅 들 것 같아서 아무 말씀도 하지 않으십니다.
　　자기 백성들이 너무 아파할 것 같아서, 혹시라도 오해하고 넘어질 것 같아서, 오랫동안 지켜보시며 자기 백성들에게 약속하신 것을 지켜내는 일에 더 집중하시는 하나님이셨습니다. 우리가 이 하나님을 신뢰하는 삶이 되었으면 좋겠습니다.

신명기를 읽다 보면 원망하고 불평하는 이스라엘 백성들을 만나게 됩니다. 그러나 다시 자세히 살펴보면 그들 중에 애굽으로 돌아가는 사람은 단 한 명도 없습니다. 애굽으로 돌아가는 것은 둘째 치고, 진영을 벗어나서 자기 마음대로 살아가는 사람이 등장하지 않는 것이 신기합니다. 원망하는 것을 보면 엉터리 같고, 불평하는 것을 보면 당장 묻어버리고 싶은 생각이 들기도 하는데, 놀라운 것은 진영을 떠나는 사람이 등장하지 않는다는 것입니다. 저는 이것이 하나님의 은혜라고 확신합니다.

우리는 누구나 성격이 조금 조급할 수 있습니다. 지능이 조금 떨어질 수도 있습니다. 그렇다고 그들을 진 밖으로 내보내지 않습니다. 그것은 곧 죽음이기 때문입니다. 떠들어도 되고 원망해도 되고 때로는 하나님이 원하시는 것이 무엇인지 잘 몰라서 방황할 수는 있지만, 누구도 진 밖으로 벗어나지 않는 것이 하나님의 은혜였습니다.

갈라디아서 4장 6절은 하나님이 우리의 아버지이심을 말씀합니다. "너희가 아들이므로 하나님이 그 아들의 영을 우리 마음 가운데 보내사 아빠 아버지라 부르게 하셨느니라."

아이가 부모님의 말씀을 듣지 않는 것은 부모님이 무언가 말했기 때문입니다. 무엇을 하라고 하지 않았다면 아이들은 말을 듣고 안 듣고 할 것이 없습니다. 그런데 무언가를 말하는 순간 그때부터 들어야 하고, 지켜야 하고, 행해야 합니다.

우리 아버지는 무엇을 말씀하시기보다 침묵하며 함께하는 것을 더

은혜에 꽉 잡힌 인생

좋아하시는 하나님입니다. 아들이 무엇을 하고 있는지에 대한 관심보다 그분 자신이 아들을 위하여 무엇을 해야 하는지에 훨씬 집중하시는 분입니다. 우리의 아바 아버지가 되시는 하나님은 아들의 순종을 지켜내기 위하여 무엇이라 말씀하지 않으시고, 우리 안에서 영으로 함께하시는 하나님입니다.

우리 안에서 오랫동안 말할 수 없는 탄식으로 머물러 계시면서, 이 광야와 같은 세상을 함께 걸어가기를 원하시는 주님과 동행하며 살아가는 우리가 되기를 축복합니다.

묵상하고 자유하기

내용을 읽고 아래의 물음에 대한 나의 생각을 정리해보세요.

Q. 내 삶 곳곳에 묻어있는 하나님의 은혜는
무엇이 있는지 돌아봅시다.

편견을 버리니 하나님의 숨결이 순종으로 안내하여
친절한 하나님과 조우하게 한다

스스로 준비하는 일 속에서 하나님은
우리가 더 용기 있는 믿음의 사람이 되기를 원하신다

매번 다른 방법과 다른 형태로 우리의 삶에서
가장 창의적으로 일하시는 하나님

하나님이 무엇을 말씀하시는지 잘 알아차리도록
부지런히 추적하며 승리하는 인생이 되기를

17

간담을 지켜라

여호수아 8장 1-4절

2010년 페이스북의 창업자 마크 저커버그는 미국 뉴저지에 있는 한 공립학교에 1억 달러를 지원하기로 발표했습니다. 우리나라와 마찬가지로 미국 사회의 큰 문제 중 하나가 공교육이 무너지고 있는 것이었습니다. 그래서 그는 공립학교를 지정하여 거대한 자원을 지원해서라도 공교육을 살려보기 위해 헌신했습니다.

그러나 정작 문제는 그가 공립학교에 많은 돈을 지원했음에도 불구하고, 학생들의 학업 성취도가 좋아지지 않았다는 것입니다. 미국에서 학업 성취도가 가장 낮은 학군에 거액을 투자하여 교육 현장을 개혁해 보고자 했던 것이지만 쉬운 것이 아니었습니다. 사람들은 왜 실패하였는지 돌아볼 수밖에 없었습니다.

이에 대해 미국 오하이오주립대 사회학과 교수인 더글러스 다우니는 '학교가 불평등하다고 생각하는 사람들의 편견 때문에 이 실험은 실패할 수밖에 없다'고 분석했습니다. 다시 말해 학교가 불평등하다고 전제한 후, 공평한 학교를 만들면 학업 성취도가 좋아질 것이라고 설정한 것이 실패의 원인이라고 했습니다. 그러면서 그는 불평등의 원인 중 87퍼센트가 학교 밖에 있다고 분석했습니다.

학생 중에는 학교에 들어가기 전 이미 준비해서 오는 아이들이 있었습니다. 학교에 다니는 동안 주말이면 학원에서 더 많은 것을 배우는 아이들도 있었습니다. 주일에 교회학교에 가서 배우는 아이도 있었습니다. 이런 가운데 아이들에게 불평등 없는 공교육을 하면 할수록, 더 불평등한 학교가 될 수밖에 없다는 것입니다.

실패했다면 실패의 원인을 잘 찾아야 합니다. 그리고 거기서 출발해야 다시 원하는 것을 얻을 수 있습니다. 여기서는 여호수아서를 통해 다시 출발하라고 말씀하시는 하나님의 은혜가 무엇인지 추적해 봅시다.

하나님의 말씀과 우리의 생각 구별하기

"여호와께서 여호수아에게 이르시되 두려워하지 말라 놀라지 말라 군사를 다 거느리고 일어나 아이로 올라가라 보라 내가 아이 왕과 그의 백성과 그의 성읍과 그의 땅을 다 네 손에 넘겨 주었으니"(수 8:1).

하나님은 아이 성 점령에 실패하고 돌아온 여호수아를 향하여 "두

은혜에 꽉 잡힌 인생

려워하지 말라, 놀라지 말라"라고 하십니다. 그렇습니다. 여호수아는 하나님의 부르심을 받아 과거의 일로 놀라지 말아야 하고, 미래에 이뤄질 일들에 대하여 두려워하지 말아야 합니다.

그가 놀란 것은 아이 성에서 여호와의 군대가 패배했기 때문입니다. 여리고 성을 무너뜨린 사람들이 불과 며칠 만에 아이 성 전투에서 실패했다는 것은 충격이었습니다. 지금까지의 전투 중 가장 합리적으로 준비를 잘했기 때문입니다.

그들은 정탐꾼을 보냈습니다. 어디서 많이 본 듯한 모습입니다. 정탐꾼을 보낸다는 것은 낯선 일이 아닙니다. 그러나 이번에 보낸 정탐꾼들은 지난번 가나안 땅을 정탐한 자들과는 달랐습니다. 여호수아 7장 3절에 보면 이들은 "이르되 백성을 다 올라가게 하지 말고 이삼천 명만 올라가서 아이를 치게 하소서 그들은 소수이니 모든 백성을 그리로 보내어 수고롭게 하지 마소서"라고 말합니다. 다른 포스가 느껴집니다. 어쩌면 이들에게는 3천 명도 많은 인원일 수 있습니다. 기드온의 300명 용사를 생각해 보면 3천 명이면 충분하다고 주장하는 것이 나쁘지 않은 것 같습니다.

그런데 문제가 되는 것은 그들이 "소수이니"라고 말한 것입니다. 올라가 보았는데 '그들은 소수'라고 한 것에 조금 문제가 있습니다. 사실 그 성안에 사는 사람들의 수는 만 이천 명 정도였습니다. 이것은 여리고 성에 살던 사람들만큼이나 많은 사람이 아이 성에 살고 있었다는 것입니다.

많은 사람이 여리고 성은 큰 성이고, 아이 성은 작은 성이라고 생각합니다. 하지만 정확하게 분석하면, 사실 아이 성은 처음부터 작은 성이 아니었습니다. 아이 성이라고 하니까 아이들만 사는 성이라고 생각하면 그것은 편견입니다. 그 성에 사는 사람들은 여부스 족속이었습니다. 그 말은, 이스라엘 백성의 조상들이 "기골이 장대하고 우리는 그들 앞에 메뚜기와 같다"고 했던 사람들이 바로 아이 성에 사는 사람들이라는 것입니다. 40년 만에 그들의 키가 작아진 것이 아닙니다. 또 그들의 인구가 만 이천 명이라는 것은 여리고 성에 살던 사람들보다 족히 열 배나 많은 사람이 사는 성이라고 할 수 있습니다. 그런데 무엇 때문에 정탐꾼들은 여전히 그 성을 작은 성이라고 생각하는 걸까요?

자주 실패하는 사람의 중요한 특징 중 하나는 팩트, 즉 사실을 중요하게 생각하지 않는다는 것입니다. 내가 믿음으로 산다고 그들의 키가 줄어드는 것이 아닙니다. 내가 믿음의 눈으로 세상을 본다고 세상이 작아지는 것이 아닙니다. 오히려 우리는 믿음으로 살기에 아이 성에 몇 명이 사는지 정확하게 알아야 합니다. 믿음으로 살기에 몇 명이 사는지는 중요하지 않다고 판단하면 늘 실패를 반복하고 살아갑니다.

하나님의 말씀을 읽을 때마다 정확히 알아야 하는 것은, 하나님이 말씀하시는 것과 우리가 생각하는 것은 다르다는 것입니다. 예를 들면 이런 것입니다. 하나님이 기드온을 부르시고 그에게 용기를 주시기를, 300명의 용사를 데리고 가서 싸우라고 하셨습니다. 이

은혜에 꽉 잡힌 인생

것은 우리가 한 것이 아니라 하나님이 하신 것입니다. 그러면 300명이 13만 5천 명과 싸워도 이기게 되어 있습니다. 그런데 이것을 오해하여 우리가 먼저 "하나님, 이번에는 적들이 10만 명이니까 우리는 그 절반 정도의 인원으로 한번 해보겠습니다. 아니, 이번에는 믿음이 좋은 100명만 있어도 10만은 해결할 수 있습니다"라고 하는 것은 긍정주의이거나 만용입니다. 성경은 그런 것을 믿음이라고 해본 적이 없습니다.

하나님이 물 위를 걸으라고 하시면 우리가 물 위를 걷는 겁니다. 그러나 내가 믿음으로 물 위를 걷겠다고 하면 백이면 백, 물에 빠질 수밖에 없습니다. 이것은 같은 것이 아닙니다. 기적은 언제나 하나님이 먼저 말씀하신 것에서 나타납니다.

하나님이 약속하신 것이 기적입니다. 하나님이 여리고를 돌라고 하셨기 때문에 여리고가 무너진 것입니다. 내가 먼저 "하나님, 아이 성을 돌겠습니다"라고 한다고 해서 그 성이 무너지는 것이 아니었습니다. 이 부분을 오해하면 매일 반복된 좌절을 경험하며 살아갈 수도 있습니다.

우리가 어떤 실패를 경험하더라도 실패 앞에서 두려워하거나 놀라지 말고 사실 관계, 팩트 체크를 정확하게 할 수 있는 믿음의 사람이 되기를 소망합니다. 하나님이 모세에게 바다를 향하여 손을 들라고 말씀하셨기에 홍해가 갈라졌습니다. 내가 바다를 향해 손을 들었더니 바다가 갈라지는 것이 아닙니다.

하나님의 말씀에 편견 없애기

"너는 여리고와 그 왕에게 행한 것 같이 아이와 그 왕에게 행하되 오직 거기서 탈취할 물건과 가축은 스스로 가지라 너는 아이 성 뒤에 복병을 둘지니라 하시니"(수 8:2).

하나님이 하시는 말씀에 귀를 기울이고 살아야 하는 이유는, 세상을 통치하시고 섭리하시는 하나님의 사역은 다양한 전략 전술과 창의적인 대안이며, 그분이 그것으로 일하시기 때문입니다. 우리가 바다를 만나면 하나님이 언제나 지팡이를 들라고 하실 거라 생각하는 것은 자기 생각일 뿐입니다. 하나님은 전에 하셨던 것처럼 하신 적이 없습니다.

2절에는 두 가지가 공존합니다. 전에 했던 것과 동일하게 하는 것이 있는가 하면, 전에 해본 적 없는 것을 해야 하는 것도 있습니다. 지난 여리고 전쟁에서 하나님은 자기 백성들에게 여리고 성에 있는 전리품 중에 어떤 것도 자기 것으로 만들지 말라고 하셨습니다. 그런데 아이 성에서는 탈취한 물건들과 가축은 스스로 가지라고 말씀하십니다.

우리가 늘 하나님이 말씀하시는 대로 살아도 뒤처지지 않는 것은, 하나님은 언제나 창의적인 사역을 하시기 때문입니다. 하나님이 말씀하시는 대로 하면 우리는 가장 창의적인 사역을 경험하며 살아갈 수 있습니다. 그렇기에 교회를 마치 100년 전에 한 이야기를 반복하

은혜에 꽉 잡힌 인생

며 살아가는 공동체로 오해하는 것은 하나님의 창의성이 무엇인지 잘 모르기 때문입니다.

유교는 지금도 홍동백서를 바꾸지 못하고 있습니다. 그래서 경상북도 안동에 가면, 제사를 지내는데 종부는 늘 전에 했던 것에 집중하며 살아갑니다. 제사상에 고기도 늘 같은 고기여야 하고, 조리하는 방법도 늘 같아야 하고, 상을 차리는 것도 늘 똑같이 해야 합니다. 그러나 교회는 그렇지 않습니다. 우리는 늘 창의적인 하나님의 은혜를 경험하고 살아갑니다. 유튜브는 유튜버만 하는 건 줄 알았는데, 알고 보니 작은 교회들도 교회 방송국을 만들 수 있는 효과적인 도구가 된 것처럼 말입니다.

우리가 언제나 창의적이신 하나님의 말씀에 귀를 기울이고 살아갈 때마다 가장 창의적인 삶의 현장을 경험하게 되기를 축복합니다. 큐알 코드를 스캔했는데 거기서 찬양이 나오고 간증이 나오는 세상을 살아가는 것은 하나님의 축복입니다.

하나님은 지난번 여리고 전쟁에서 여리고 성을 하루에 한 바퀴 돌고 마지막 날에는 일곱 바퀴를 돌라고 하셨지만, 아이 성 앞에서는 성 뒤에 복병을 준비하라고 말씀하셨습니다. 이를 통해 우리가 집중하고 살아야 하는 것은 하나님은 어떤 분인가 하는 것인데, 하나님은 여리고 성을 정복할 때와 아이 성을 정복할 때, 적어도 같은 전략으로 접근하지 않으셨음을 알아야 합니다.

하나님을 오해하면 우리는 하나님이 항상 똑같은 세상을 살라고 하신다는 편견을 가지고 하나님을 바라보게 됩니다. 그러나 자기 스스로 먼저 하나님을 편견에 묶어놓고, 옛적에는 하나님의 말씀대로 살았지만 21세기에는 하나님 없이 살아야 한다고 하는 것이야말로 가장 어리석은 선택이 될 수 있습니다.

우리는 하나님이 만지라고 하실 때 만지고, 만지지 말라고 하실 때 만지지 말아야 합니다. 전리품에 손대지 말라고 하시면 손을 대지 않고, 다 가지라고 하시면 다 가지는 것입니다. 이를 통해 하나님의 은혜를 경험하게 되기를 바랍니다. 하나님이 올라가라고 하실 때 올라가고, 성을 돌라고 하실 때 돌고, 매복하라고 하실 때 매복하는 것에 하나님의 은혜가 있습니다.

스스로 준비하기

"그들에게 명령하여 이르되 너희는 성읍 뒤로 가서 성읍을 향하여 매복하되 그 성읍에서 너무 멀리 하지 말고 다 스스로 준비하라" (수 8:4).

하나님이 자기 백성들에게 얼마나 친절하신지 보게 됩니다. 하나님이 창의적인 아이디어를 말씀하시는데, 백성들이 잘 이해하도록 안내하십니다. 성읍 뒤로 가서, 성읍을 향하여, 그 성읍에서 너무 멀리하지 말라고 하십니다. 이 말씀에서 친절하신 하나님이 보입니까? 아니면 더 심한 잔소리처럼 들립니까?

은혜에 꽉 잡힌 인생

이스라엘은 지금까지 한 번도 매복해 본 적이 없습니다. 그들에게 있어서 매복은 처음 알게 된 개념이라고 할 수 있습니다. 그도 그럴 것이, 그들은 이제 두 번째 전쟁을 하고 있습니다. 또 지금까지 백 번 붙어서 백 번 이긴 것도 아니고 백 번 붙어서 백 번 진 것도 아닙니다. 두 번 전쟁했는데 한 번은 이기고 한 번은 졌습니다. 이제야 시작입니다.

그러니 어떻게 보면 아이 성 전쟁은 그들이 처음 해본 전쟁입니다. 여리고 성을 무너뜨린 것은 전쟁이 아니라 행진이었습니다. 그러니 아이 성에 3천 명이 올라가서 36명이 죽은 것이 실패냐고 물어보면, 꼭 실패처럼 보이지는 않습니다. 왜냐하면 작은 희생을 통하여 배운 것이 많았기 때문입니다.

그들은 이를 통해 사실을 정확하게 확인해야 한다는 것을 알았습니다. 하나님은 언제나 창의적이시라는 것도 알게 되었습니다. 하나님은 항상 같은 방법으로 전쟁하시는 것이 아니라는 사실도 알게 되었습니다. 정공법을 사용하기도 하시고, 매복하기도 하시는 하나님이라는 것을 알게 되었습니다. 또 어떤 전쟁에서는 전리품에 손을 대면 안 되는 것이 있고, 어떤 전쟁에서는 전리품을 다 가지는 것이 하나님이 원하시는 것임을 알게 되었습니다.

무엇보다 가장 감동이 되는 것은 다 스스로 준비하라고 하시는 하나님의 말씀입니다. 하나님은 언제나 "꼼짝하지 말라" "일점일획이라도 내가 원하는 것에서 벗어나지 말라" "선을 넘으면 죽을 것이라"라고 말씀하시는 분인 줄 알았는데, 출애굽한 자기 백성들을 향하여 '모든 것을 스스로 준비하는 자가 되라'고 하셨다는 사실입니다.

구원받은 하나님의 백성으로 살아가는 동안 우리에게 가장 큰 기쁨은, 우리 각자가 원하는 것을 성취할 수 있도록 하나님이 길을 열어주셨다는 사실입니다. 어디에 매복할지 자기가 결정해도 됩니다. 무엇을 머리에 꽂고 어떻게 자기를 숨길지 알아서 해도 되는 일입니다. 왜냐하면 그 자리가 바로 매복하라고 말씀하시는 하나님의 말씀에 순종하는 자리이기 때문입니다.

하나님의 말씀대로 살아가기를 원하는 자리에서 우리가 할 수 있는 것은 스스로 준비하는 것입니다. 스스로 결정하고 선택하는 것입니다. 태신자는 스스로 준비해야 합니다. 복음을 전해야 하는 것, 하나님이 원하시는 자리에 서게 되었는데 그 사람과 어떤 식당에서 어떤 밥을 먹을까 하는 것은 스스로 결정하고 준비하는 것이라고 말씀합니다.

하나님 나라에서는 어떤 실패도 두려움으로 끝나지 않습니다. 하나님은 작은 실수를 통하여 더 용기 있는 믿음의 사람이 되기를 원하십니다. 그러므로 우리는 36명 때문에 두려워하거나 놀라지 말아야 합니다. 간담이 녹으면 안 된다고 하셨습니다. 오히려 실패의 자리에서 간담을 지켜야 합니다. 그러한 복된 자리에서 스스로 모든 것을 준비하고 살아갈 수 있는 믿음의 사람이 되기를 진심으로 축복합니다.

묵상하고 자유하기

내용을 읽고 아래의 물음에 대한 나의 생각을 정리해보세요.

Q. 말씀을 통해 극복하게 된 두려움이 있나요?

은혜 미리보기

어떠한 문제 속에서도 자기 백성들의 삶 속에
은혜와 축복의 기회를 만들어주시는 하나님이 멋지심

달라지는 세상 속에서도
자기 백성들이 살아가도록 지키시는 하나님의 열심

세상의 자랑이나 수고가 아니라 예수 그리스도 안에
있는 구원과 의를 자랑하고 신뢰하며 살아가자

자기 백성들이 일하는 곳에서 축복의 기회를
만들어 내시는 하나님! 그분을 노래하고 살아가는
믿음의 사람이 되기를 소망한다

내가 노래할 것은 나의 '의'가 아닌
하나님의 '의로우심', 하나님의 '전능하심'

그것을 노래하라

민수기 21장 16-17절

AD 6년 로마에 대화재가 발생했습니다. 그러자 아우구스투스 황제는 유례없는 일을 시작하게 되는데, 그것이 바로 최초의 상설 소방대원입니다. 4,000명의 소방대원이 7개 조로 나뉘어 도시 전체를 지키기 시작했습니다. 양동이와 빗자루와 도끼 정도의 장비였지만 그들은 조직적으로 도시 전체를 지켰습니다.

한편, 송나라에는 11세기에 직업 소방대원이 만들어졌습니다. 그리고 13세기에 접어들면서 영국과 유럽에도 직업 소방대원들이 생겨나기 시작했습니다. 미국에는 독립 전부터 자원봉사 소방대원들이 있었습니다. 1853년 오하이오주에서 소방대가 처음 생겨난 이후로 지금까지 31만 5천 명이 소방대원으로 일하고 있습니다.

불이 나면 모든 것을 잃어버린다는 것을 발견한 인류는 소방대를 만든 이후로 지속적인 대안을 경험하며 살아갑니다. 그래서 13세기 영국에서는 초가지붕이 금지되었습니다. 화재에 너무 취약했기 때문입니다. 또 16세기에는 빵 굽는 오븐의 연료를 안전하게 보관하는 법이 만들어졌습니다. 무엇인가를 준비하고 산다는 것은 늘 소중합니다.

우리는 코로나19로 인하여 코에 면봉을 넣어 검체를 검사해야 했습니다. 그때 만약 누군가가 이왕 검체를 검사하는 김에, 음성과 양성으로 구별하는 것에 끝나지 않고 수많은 국민의 유전자 정보를 확보하기 위하여 검사한 시료를 바로 냉동시키는 게 좋겠다고 생각의 전환을 만들어냈다면, 전 국민의 유전자 정보를 확보할 수 있는 절호의 기회가 될 수 있었을 것 같습니다.

이처럼 고난을 고난으로 끝내지 않고 그 속에서 반드시 무언가 찾아가기를 원하시는 분이 있습니다. 바로 하나님이십니다. 하나님이 가장 마음 아파하시는 일은 우리가 의미 없는 고난을 반복하며 살아가는 것입니다. 여기서는 민수기를 통하여 하나님의 마음을 묵상해 봅시다.

고난을 통해 얻는 지혜

"거기서 브엘에 이르니 브엘은 여호와께서 모세에게 명령하시기를 백성을 모으라 내가 그들에게 물을 주리라 하시던 우물이라" (민 21:16).

은혜에 꽉 잡힌 인생

먼저 민수기 10장에 등장하는 백성들은 한심하고 부족하기 짝이 없는 백성이었습니다. 배운 것이 없습니다. 아는 것도 없습니다. 노예로 400년을 살았는데 거기서 겨우 밥이나 먹고 살아온 것이 자랑이 될 만한 것 외에는 아무것도 없는 존재였습니다. 게다가 어떤 일이 생기기만 하면 원망할 줄은 아는데, 문제를 해결할 대안이 없었습니다. 일단 원망부터 하고 분노부터 하고 하늘을 향하여 소리나 지르는 것이 그들의 수준이었습니다. 하나님은 그런 자기 백성들에 대하여 오랫동안 인내하셨습니다. 그 인내의 시간이 40년이었습니다.

하나님은 그들이 어떠한지 다 아셨기에 자기 백성들의 원망과 불평에 대하여 크게 나무라시는 것도 없었습니다. 그래봐야 조그마한 불덩어리 하나 떨어뜨려서 경고 정도 하시는 것이 전부였습니다. 하나님도 그들이 갑자기 하루아침에 어떤 문제를 만나더라도 당황하지 않고 문제를 해결할 만한 수준으로 성장하지 않는다는 것을 아셨기 때문입니다. 그래서 민수기에 보면 별다른 일이 일어나지 않습니다. 10장 이후에 광야에서 일어나는 일들을 살펴보면 조금 부끄러운 것이 사실이지만, 이스라엘 백성들의 수준에서는 충분히 일어날 수 있는 일들이었습니다.

재미있는 사실은 동일한 사람이 실수를 반복하는 것이 아니라 이 사람이 실수해서 문제를 해결할 만한 하면, 또 다른 사람이 실수를 저지르는 일들이 반복되었습니다. 그러니까 그들은 200만 명 중에 또 누가 언제 실수할지 모르는 조마조마한 삶의 현장에 있었습니다. 광야가 힘든 이유는 자연조건도 있지만, 누군가가 실수해서 또 불이 날지 모르는 삶을 살아야 한다는 것이었습니다.

민수기에 등장하는 사건들이 대부분이 그런 것입니다. 모두가 조용히 살고 있는데 느닷없이 고라 한 사람의 미성숙함으로 이스라엘 백성 전체가 살아가는 공동체를 쑥대밭으로 만들어버렸습니다. 살만하면 욕망에 미혹된 누군가가 나타나서 그 한 사람으로 인해 온 공동체가 홍역을 치르기를 반복했습니다. 바로 전까지 므리바에서 물이 없다고 아우성치던 그들의 모습도 생각납니다. 그렇게 여기 21장까지 오게 되었습니다. 그런데 이때부터는 조금 달라진 백성들을 만납니다.

하나님은 이제 더 이상 반석을 쳐서 자기 백성들에게 물을 만들어 먹이는 것을 원하지 않으셨습니다. 가나안 땅에 들어갈 때가 가까워졌다는 사인입니다. 그들은 이제 스스로 문제를 해결할 수 있는 사람이 되어야 했습니다. 그 지혜는 하나님이 주십니다. 하나님은 그들이 그런 지혜를 가지고 살아가기를 원하셨습니다.

성령 하나님은 지혜의 영입니다. 그런데 사람들은 성령이 함께하시면 지혜는 사라지고 오직 초자연적인 능력만 나타나는 것으로 오해합니다. 성령 하나님은 우리 안에서 함께 역사하시면서 사람들로 하여금 고민하게 하시고, 연구하게 하시고, 공부하도록 하셔서 문제를 해결할 수 있도록 도우시는 하나님입니다. 지금까지 그렇게 일하시는 것이 하나님이 일하시는 오랜 방법이었습니다.

예를 들어 예수 그리스도의 제자로 살아가는 어떤 사람이 식약청

은혜에 꽉 잡힌 인생

에서 근무하는데 성령님이 그 사람에게 지혜를 주셨다고 생각해 봅시다. 그가 PCR 검사를 할 때 동의서를 받아서 이 기회에 전 국민의 유전자 정보를 확보하는 것이 좋겠다고 생각하면 다음 팬데믹을 준비하는 결정적인 정보가 되는 것입니다. 빅 데이터가 얼마나 많겠습니까? 자료를 분석해 보니 어떤 유형의 사람들이 잘 감염되고, 어떤 유형의 사람들이 빨리 낫거나 오랫동안 후유증을 경험하는지 등을 알게 됩니다. 수많은 정보를 확보할 수 있는 절호의 기회였을 거라고 상상해 봅니다. 성령님이 지혜롭게 하십니다.

민수기 21장 18절에 보면 "이 우물은 지휘관들이 팠고 백성의 귀인들이 규와 지팡이로 판 것이로다"라고 말씀합니다. 하나님은 자기 백성들이 걸어가는 40년의 광야를 의미 없는 것으로 만들기를 원치 않으셨습니다. 그래서 그들 중 사람을 세워 우물을 팔 줄 아는 자들로 만들어가셨습니다.

새로운 세상이 기다리고 있습니다. 이제 가나안 땅에 들어가면 이스라엘 백성들은 더 이상 반석을 쳐서 나오는 물을 먹는 것이 아닙니다. 지휘관 중 우물을 팔 줄 아는 사람들을 만들어서 그 우물을 마시게 하는 것이 하나님의 섭리입니다.

언제나 고난을 통하여 자기 백성들을 지혜롭게 하시는 하나님을 신뢰하기를 바랍니다. 우리 중에 누군가는 우물을 파야 하고, 또 누군가는 화재를 해결하며 살아야 합니다.

변화하는 세상에서 살아가는 방법

"이스라엘이 이같이 그 모든 성읍을 빼앗고 그 아모리인의 모든 성읍 헤스본과 그 모든 촌락에 거주하였으니"(민 21:25).

민수기 10장을 보면 이스라엘 백성들이 하나님께로부터 율법을 받기는 받았는데, 제대로 이해하지도 못한 그들이 무엇을 할 수 있을지 고민됩니다. 매일 만나를 먹으면서도 감사가 무엇인지 모르는 그들이 하나님 나라를 세울 수 있을지 고민이었는데, 그때로부터 40년이 지나 21장에 오니, 우리가 상상하기 어려운 장면을 만나기 시작합니다. 그들은 예전에 그 이스라엘 백성들이 아니었습니다.

그들이 우물을 파기 시작했다는 것은 놀라운 사실입니다. 오합지졸이 이 정도가 되었다는 것이 기적입니다. 그리고 21장 뒷부분에 보면 드디어 전쟁에서 승리하는 그들을 만나게 됩니다. 살다 보니 이런 일이 다 있습니다.

21장에서 이스라엘 백성들은 광야 40년을 끝내고 이제 막 가나안 땅으로 들어가려고 합니다. 그런데 그 앞에는 아모리 사람들이 살아가는 땅이 있었습니다. 그래서 그들은 사신을 보내어 그곳을 그냥 지나갈 테니 길을 열어달라고 부탁합니다. 지나가는 동안 포도밭은 그대로 둘 것이고, 어느 밭에도 들어가지 않을 것이고, 심지어는 우물 물도 마시지 않겠다고 제안합니다. 그런데 아모리 왕 시혼이 거부합니다.

예전 같으면 이런 상황에서 이스라엘 백성들은 또 아우성쳐야 합니다. 출애굽기 13장 17절에서도 하나님은 이렇게 말씀하셨습니다. "이 백성이 전쟁을 하게 되면 마음을 돌이켜 애굽으로 돌아갈까 하셨음이라." 블레셋으로 지나가면 너무 좋은데, 사흘 만에 지나갈 수 있는데 그들이 전쟁하면 애굽으로 다시 돌아갈까 하는 것이 하나님의 생각이었습니다. 그랬던 그들이 광야 40년을 살아오는 동안 이제 전쟁을 두려워하지 않는 자들이 되었습니다. 문제 앞에서 쩔쩔매던 백성들이 고난을 통하여 연단 받고 준비되어서, 이제는 전쟁하는 것을 두려워하지 않는 백성이 되었습니다.

하나님은 고난을 통하여 자기 백성들을 이런 사람으로 만드셨습니다. 사흘 길을 걸어가더라도 그것이 힘들어서 두려워하던 자들을 시혼과 전쟁하는 것을 두려워하지 않는 백성으로 만드시고, 이제 그 첫 번째 전쟁에서 승리가 무엇인지 알게 하셨습니다.

그들은 광야에서 어떤 무기를 만든 것도 아니고, 애굽의 전차를 뛰어넘는 새로운 것을 만든 것도 아니었습니다. 달라진 것이 하나 있다면 사람이 달라졌습니다. 하나님은 그들을 다른 사람으로 만드셨습니다. 애굽에서 종으로 살았던 60만 명은 사라지고, 이제 가나안 땅에 들어가서 우물을 파고 전쟁해도 두려워하지 않는 새로운 60만 명을 만드셔서 가나안 땅을 점령하고 살아가는 세상을 여셨습니다.

그들은 예전에 60만 명의 백성들처럼 살지 않을 사람들입니다. 그들은 만나가 없는 세상을 살아야 하고, 우물을 만들어서 살아야 하고, 전쟁하면서 살아야 하는 자들입니다. 그렇습니다. 세상이 달라지면 하나님은 언제나 그 세상에서 살아갈 수 있는 자기 백성들을 만드시고 준비하시는 분입니다.

세상이 달라질 때 당황하지 않고 그 안에서 하나님이 원하시는 사람이 누구인지 묵상하고 연구함으로, 하나님 나라에 참여하는 믿음의 사람이 되기를 소망합니다.

세상은 이 시대가 포노 사피엔스가 되었다며 당황했습니다. 모든 사람이 스마트폰을 들고 다니면 이제 또 다른 세상이 될 것이고, 그 세상에서는 어떻게 살아야 하는지 모르겠다며 아우성쳤습니다. 그러나 우리는 코로나 팬데믹 시대를 사는 동안 포노 사피엔스 세상에서 스마트폰으로 영상통화를 하고, 유튜브를 통해 특새를 하고, 제자훈련을 하는 등 스마트폰으로 언제 어디서든지 하나님의 말씀을 읽고 찬양하는 포노 사피엔스로 살아갑니다. 이것은 하나님의 은혜입니다.

우리를 위해 일하시는 하나님을 노래하다

"그때에 이스라엘이 노래하여 이르되 우물물아 솟아나라 너희는 그것을 노래하라"(민 21:17).

민수기 10장에서 광야에 들어가자마자 원망하고 불평하고 분노하고 살았던 이스라엘 백성들이, 우물물이 솟아날 것을 노래하는 사람

은혜에 꽉 잡힌 인생

들이 될 것이라고는 생각하지 못했습니다. 우리의 눈에는 불가능한 것처럼 보였습니다. 그러나 하나님의 열심은 자기 백성들을 이렇게 만들어 가셨습니다. 우리는 이스라엘 백성들이 변한 것이 아니라 이런 사람들로 만들어 가시는 하나님을 보아야 합니다.

세상은 이스라엘 백성들에게 '오합지졸이 전쟁할 수 있을까' 하며 조롱하였는데, 하나님이 그런 그들을 이렇게 만드셨습니다. 이렇듯 우리가 믿는 것은 이런 사람이 될 것이라고 하는 자기 신념이 아닙니다. 우리를 이런 사람으로 만들어 가실 것에 대한, 하나님에 대한 확신입니다. 그래서 우리는 이런 일을 하시는 하나님을 노래하며 살아가는 것입니다.

이제 겨우 우물 하나 팠다고 사람을 찬양하고, 전쟁에서 한 번 이겼다고 거기서 영웅을 노래하고 또 그런 영웅을 찾으며 산다면 다시 헛발질하는 삶을 반복할 수도 있습니다. 모든 것은 그분이 하셨습니다. 우리는 그분을 노래하며 살아야 합니다.

본문 말씀을 묵상하면서 감사한 것은 모세가 우물을 파지 않은 것이었습니다. 제사장이 우물을 파지 않은 것이 감사했습니다. 이 세상에서 병에 대한 치료제는 그 일에 부르심을 받은 전문가가 만듭니다. 전쟁은 믿음이 좋은 사람이 하는 것이 아니라 칼을 잘 다루는 사람이 합니다. 믿음으로 살았는데 부자가 안 되는 이유는, 부자는 믿음으로 사는 사람이 되는 것이 아니라 돈에 대해 공부를 많이 한 사람이 되기 때문입니다. 마찬가지로 매일 기도하고 말씀을 보면서 살면, 믿음이 좋은 사람이 됩니다.

　빌 게이츠는 믿음이 좋은 사람이 아니라 돈에 대한 일가견이 있는 사람입니다. 그 사람의 믿음은 성탄절에 한 번 동네에 있는 교회에 가서 예배하는 정도가 전부일 수 있습니다. 그렇지만 하나님은 그런 사람도 축복의 통로로 사용하십니다.

　믿음이 좋은 제사장은 성전에 온종일 있고, 전쟁을 잘하는 사람은 아모리를 해결하고, 지형을 볼 줄 아는 사람은 우물을 파고 살아갑니다. 하나님은 인류가 어떤 문제를 만나더라도 자기 백성들이 일하는 곳에서 은혜와 축복의 기회를 만들어 내십니다. 그러므로 그 하나님을 노래하는 믿음의 사람이 되기를 소망합니다.

묵상하고 자유하기

내용을 읽고 아래의 물음에 대한 나의 생각을 정리해보세요.

Q. 민음생활을 통해 변하게 된 나의 모습은 무엇인가요?

은혜 미리보기

세상이 머리를 흔들 때 분노로 끝나지 않고
은혜로 끝나게 하시는 것이 하나님이 하시는 일

나는 어떤 기도를 주로 하고 있는지 생각해 보게 된다

세상의 풍랑 속에서 믿음으로 살아가는 것에 대해
방향을 잡게 되었다

풍랑 가운데 하나님이 지켜주시기를 구하는
기도를 통하여 나를 지키시는 하나님을 만나자

19

세상이 머리를 흔들 때

시편 109편 25-27절

제가 여러 화가 중 빈센트 반 고흐를 좋아하는 이유는 그가 신학교를 다녔기 때문입니다. 그는 가난한 목사의 아들로 태어나 아버지의 사랑을 받으며 자랐고, 커서는 신학교를 갔습니다. 그러나 생각만큼 그 삶을 지켜내는 것이 쉽지 않았습니다. 세상의 모순이 눈에 보이기 시작하고, 그 혼란한 세상에서 목회자로 살아가는 일은 녹록지 않았습니다. 이후 그는 가장 가난한 탄광촌을 찾아갔다가 그곳에서 한 여인을 만나게 되면서 다른 길을 걷기 시작합니다. 그래서 그런지 저는 고흐에 대해 늘 애틋한 마음이 있습니다. '그러지 말아야 하는데' 하는 아쉬움도 있습니다.

그가 그린 작품의 세계는 혼란의 세상입니다. 모든 사물이 바람 부는 들판에 서 있는 것 같은 휘몰아치는 붓놀림이 광란의 세상을 고발

하고 있는 것처럼 보입니다. 아무리 잔잔한 바람도 그의 눈에는 광풍으로 보였던 것 같습니다. 가만히 서 있는 해바라기도 광풍으로 휘감아 버렸습니다. 그런 고흐에게 평화가 찾아온 시기가 있었는데, 바로 그의 조카가 태어난 때입니다. 그해에 그린 그림이 〈꽃 피는 아몬드 나무〉라는 작품입니다. 광풍이 사라지고, 강렬한 노란색이 사라지고, 어둡고 무거운 푸른빛의 밤하늘도 사라졌습니다. 그 대신 세상 간 곳 없는 평화의 민트색이 등장합니다. 이것이 그의 마지막 작품입니다. 정신적인 고통 중에도 그가 이런 평화로운 그림을 그릴 수 있었던 것은 조카의 생명 때문이었습니다. 저는 이것을 보면서, 혼란의 세상이 끝나고 광풍이 사라지고 어둠이 걷히고 나면 민트와 같은 평화가 찾아올까 하는 생각을 해봅니다.

누구에게나 회복과 평화의 민트가 있는 삶이 있을까요? 이 질문을 기억하며 광풍과 혼란 뒤에 찾아오는 하나님의 평화에 대해 말씀을 묵상해 봅시다.

하나님 앞에 쏟아놓은 다윗의 분노

"나는 또 그들의 비방거리라 그들이 나를 보면 머리를 흔드나이다" (시 109:25).

25절에 보면 세상이 시인을 비방하고 있습니다. 시인의 살아가는 삶을 보며 머리를 흔들고 있습니다. 참 어려운 시간을 살아가고 있을 것 같은 예감이 밀려옵니다. 세상이 자신을 향하여 고개를 흔들 때, 고흐는 사는 것이 힘들었고 다윗도 힘들었습니다. 그렇다면 시인이 도대체 무엇을 했기에 세상이 고개를 흔들었을까요? 저는 그 앞에 있는 성경 구절을 살펴보다가 생각보다 문제가 심각하다는 것을 발견하고는 깜짝 놀랐습니다. 그것은 시인의 고난 때문이 아니라 시인의 분노 때문입니다. "악인이 그를 다스리게 하시며 사탄이 그의 오른쪽에 서게 하소서"(시 109:6).

'아니, 이게 무슨 말씀이지?' 하는 생각이 들었습니다. 통상적으로 다윗이 시편을 썼다면 "세상이 나를 향해 머리를 흔든다고 할지라도 나는 인내와 사랑으로 고난을 이겨내고 믿음의 길을 걸을 것이며, 여호와는 항상 내 오른편에 서서 나를 지키시는 하나님이심을 믿사오니 주여 나를 구원하소서"와 같은 고백이 있어야 하는데, 그것이 아니었습니다. 이로 인해 고난 앞에 당황한 것은 다윗이 아니라 저였습니다.

또 시인이 '사탄이 그의 오른편에 서게 해달라'고 할 때 만만치 않다고 생각하긴 했지만, 그 뒤로 갈수록 점점 더 심각한 언어가 등장합니다. '자손이 끊어지게 하시고' '그들의 이름은 지워지고' '자녀들은 유리하게 하시고' '황폐한 집을 떠나 빌어먹게 하시고' 등입니다. 그야말로 막장 드라마에나 나올 것 같은 언어들을 쏟아내고 있습니다.

아주 당황스러웠습니다. '본문을 잘못 정한 것은 아닐까?' 약간의 후회도 밀려왔습니다. '지금이라도 다른 본문으로 바꾸는 것이 좋지 않을까?' 하는 생각이 살짝 들기도 했습니다. 그러나 본문을 다시 묵상하면서 신뢰하는 것은 언제나 하나님이었습니다. 시인이 노래하고 있지만, 이것은 하나님의 말씀입니다. 하나님이 이렇게 기록하셨다면 거기에는 분명히 또 다른 이유가 있기 때문입니다. 저는 시인을 신뢰하는 것이 아니라 하나님을 신뢰하는 마음으로 말씀을 몇 번이고 다시 읽어야 했습니다.

그렇다면 시인은 무엇 때문에 분노했을까요? 신학자 중에는 다윗의 마음을 찢어놓은 자가 도엑이라고 하는 사람도 있고, 사울이라고 주장하는 신학자도 있습니다. 사무엘상 21장으로 돌아가 보면, 도엑이라는 사람은 사울의 신하였는데 에돔 사람이었습니다. 그는 사울 집안의 목자장이었습니다. 에돔 사람인데 사울의 신하였다는 것이 벌써 무엇인가 끔찍한 일들이 벌어질 것 같은 징조를 보여줍니다. 한편, 사울에게 쫓겨서 도망 다니던 다윗은 제사장 아히멜렉에게 도움을 구했습니다. 당시 다윗은 가진 것이 아무것도 없었습니다. 칼도 없고, 활도 없고, 군대도 없었습니다. 자기를 지킬 만한 것이 하나도 없어서 아히멜렉에게 도움을 구하게 되었는데, 그때 아히멜렉이 엘라 골짜기에서 다윗과 골리앗이 싸울 때 가지고 왔던 골리앗의 칼을 내어줬습니다. "제사장이 이르되 네가 엘라 골짜기에서 죽인 블레셋 사람 골리앗의 칼이 보자기에 싸여 에봇 뒤에 있으니 네가 그것을 가지려거든 가지라 여기는 그것밖에 다른 것이 없느니라 하는지라 다윗이 이르되 그같은 것이 또 없나니 내게 주소서 하더라"(삼상 21:9).
그런데 이것이 문제가 되었습니다. 다윗은 그 칼을 손에 들고 블레셋으로 내려갔습니다. 그가 사울의 칼을 훔친 것도 아니고 골리앗의 칼이기에, 골리앗을 무너뜨린 다윗이 그 칼을 가지는 것이 큰 문제가 될 것이라고 상상이 되지 않습니다. 그러나 이 일로 인하여 도엑은 아히멜렉과 아히멜렉의 제사장 85명을 학살하고 그 마을에 사는 남녀노소를 다 죽이고, 마을에 소와 양과 모든 가축도 도살했습니다.

사울이 도엑의 이야기를 듣고 모든 제사장을 죽이라고 했을 때, 백성들은 거부했습니다. 그럴 수 없다는 것이었습니다. 그런데 에돔 사람 도엑이 나서서 제사장들과, 다윗에게 떡 한 조각이라도 제공한 마을 사람들과, 그 마을에 사는 모든 가축을 제거해 버렸습니다.

다윗은 블레셋에서 이 소식을 들었습니다. 그의 마음은 찢어졌습니다. 자신에게 떡을 제공했다는 이유로 온 마을을 제거해 버렸기 때문입니다. 제사장들을 죽였기 때문입니다. 블레셋도 아니고 자기 동족의 마을을 이렇게 할 수는 없습니다. 이것이 바로 다윗의 참을 수 없는 분노가 폭발한 이유입니다. 그래서 본문 말씀은 비난 정도가 아닙니다. 폭력 중에도 말로 표현하기 어려운 폭력입니다.

그런데 중요한 것은, 다윗이 분노하고 저주하여 그의 이름이 지워지고 그의 자손들은 빌어먹게 해달라고 하며 온갖 추한 말로 분노하였지만, 그가 여호와 앞에 분노했다는 사실입니다. 도엑을 찾아가서 분노하며 선언한 것이 아닙니다. 사울을 찾아가서 이렇게 선언한 것이 아니라는 것입니다. 그렇습니다. 다윗은 하나님 앞에 자기의 마음을 토로하는 사람이었습니다. 또한 하나님은 자기 백성들의 그러한 분노와 아픔에 대하여 받아주시는 분이었습니다. 역시 하나님이셨습니다.

하나님은 우리의 마음에 분노가 있을 때 그분께 내려놓고 고백할 것을 이 말씀을 통해 알려주십니다. 그러므로 우리가 하나님 앞에 마음의 무거운 짐을 내려놓을 때마다 함께하시고 마음을 만지시고 치유하시고 회복하시는 하나님의 긍휼을 경험하게 되기를 바랍니다.

중요한 것은 사람이 아니라 하나님께 마음을 내어놓아야 한다는 사실입니다. 그런데 사람들은 하나님 앞에서는 거룩한 척하고 사람 앞에서는 분노를 참지 않는 삶을 살아갑니다. 하나님께서 자기 백성들에게 '마음에 폭발이 일어나서 기도하고 싶다면 하나님 앞에서 하고 사람들에게는 하지 말라'고 신신당부하시는데도, 죄인들은 하나님 앞에서 거룩한 척하고 사람 앞에서 분노하기에 그 인생은 심각해질 수밖에 없습니다.

분노를 치유하시는 분

"여호와 나의 하나님이여 나를 도우시며 주의 인자하심을 따라 나를 구원하소서"(시 109:26).

다윗은 하나님의 도우심을 구합니다. 그는 자신을 구할 수 있는 분이 하나님밖에 없다는 것을 알았습니다. 그래서 그분 앞에 자기 마음을 토로함으로 그분이 치유하시고 회복해 주시기를 기도합니다. 도와주시기를 간절히 사모합니다. 주의 인자하심을 따라 구원해 주시기를 간구합니다. 이것을 다른 말로 표현하면, 이 일로 인하여 자신의 분노가 폭발하여 손에서 칼을 뽑지 않도록 주의 인자하심으로 지켜주시기를 간구하는 것입니다.

그렇기에 이 말씀은 '원수는 망하고 자기는 구원받기를 원하는' 이기적인 기도가 아닙니다. 그야말로 이 일로 인하여 하나님 앞에서 칼을 뽑아 더 큰 문제가 생겨나지 않도록 자기를 지켜주시기를 기도하는 것입니다. 세상이 고개를 흔들 때 자기가 범죄하지 않기를 하나님께 간구하고 있습니다.

하나님은 우리가 이런 못난 기도로 그분 앞에 나아갈 때도 응답하십니다. 그러니까 다윗이 '자식을 굶주리고, 이름은 지워지고'와 같은 기도를 한다고 하나님이 그 기도대로 응답하시는 것은 아닙니다. 만약에 하나님이 다윗의 구하는 대로 다 응답하셨다면, 성경책에서 사울의 이름을 모두 지우셨을 겁니다. 그러나 사울의 이름은 지워지지 않았습니다. 그 후 베냐민 지파 중에 베냐민 지파라고 생각하는 한 사람이 아들을 낳았는데, 그의 이름을 조상의 이름을 따라서 사울이라고 지었습니다. 그가 바로 바울입니다.

우리가 기도할 때 모든 것을 결정하시는 분은 하나님입니다. 그래서 다윗은 자기의 분노가 하나님의 뜻을 방해하지 않기를 기도했습니다. 그가 소식을 듣고 골리앗의 칼을 들고 올라가서 도엑을 제거하고 사울을 처리했다면, 하나님 나라는 이상해질 수밖에 없습니다. 말이 안 되는 세상이 될 수밖에 없습니다.

　다윗은 하나님의 진정한 도우심이 무엇인지를 아는 사람이었습니다. 그렇게 저주하고 분노하는 것으로 잔인하게 끝날 수 없다는 것을 알았습니다. 그뿐만이 아닙니다. 하나님은 그를 도우셔서 마음의 분노를 치유하시는 분이었습니다. 다윗으로 하여금 은혜가 무엇인지 알게 하시는 분이었습니다.

　큰 배에는 '평형수'라는 것이 있습니다. 이것은 배가 적절한 수심에 떠 있도록 배의 무게를 조정하는 탱크입니다. 폭풍우가 몰아쳐서 큰 파도가 온 세상을 집어삼킬 것 같을 때, 그 풍랑 속에서도 배가 뒤집어지지 않는 것은 배의 깊은 바닥에 평형수가 있기 때문입니다. 그리고 평형수로 인하여 배의 균형이 되살아나는 것을 복원력이라고 합니다. 배는 어떤 풍랑이 불어도 다시 돌아올 수 있는 복원력을 가지고 있습니다.

　우리는 세상을 살아가는 동안 마음을 휘몰아치는 풍랑을 만날 때가 있습니다. 그때 우리에게도 중요한 것이 복원력입니다. 하나님 앞에 설 때마다 놀라운 복원력을 경험하는 믿음의 삶이 되기를 바랍니다. 풍랑이 문제가 아닙니다. 분노하는 것도 문제가 아닙니다. 문제는 세상이 머리를 흔드는 것이 아니라, 내 마음에 복원력을 가지고 있느냐 하는 것입니다.

　　　　　　　　　　　　　　　　　　　　　은혜에 꽉 잡힌 인생

하나님께 맡겨 드리기

"이것이 주의 손이 하신 일인 줄을 그들이 알게 하소서 주 여호와께서 이를 행하셨나이다"(시 109:27).

이 구절에서 우리는 신의 한 수를 발견합니다. 다윗 자신이 어떤 일도 하지 않겠다고 말한 부분입니다. 또 이 일로 인하여 어떤 결과가 만들어진다고 할지라도 이 모든 것이 하나님이 하신 것임을 그들이 알게 해달라고 간구합니다. 역시 다윗이었습니다. 제대로 분노할 줄 아는 사람이었습니다. 그는 어떻게 분노해야 하는지 알았습니다.

이 정도의 분노와 저주로 기도하면, 하나님은 자기 백성들을 보호하시기 위하여 방언으로 기도하게 하시기도 합니다. 마음에 너무 무거운 짐을 져서 분노하고 저주하고 온갖 악한 말로 기도하고 싶으면 하나님이 방언하게 하시는데, 이런 기도의 내용을 사람들이 듣기를 원하지 않으실 때가 많습니다. 이런 기도라면 다른 성도들이 알지 못하게 하시는 것이 은혜입니다.

우리 마음에도 분노가 있고 저주가 있었습니다. 그것을 하나님 앞에 토로할 때, 그분의 치유와 회복을 경험하고 살아갑니다. 우리는 다윗이 하나님 앞에서 분노했지만, 사울 앞에서 한 번도 칼을 뽑은 적이 없다는 사실을 기억해야 합니다. 다윗이 하나님 앞에 늘 기도하고 간구한 것은, 하나님이 도우셔서 자기가 사울 앞에서는 욱하지 않게 해달라는 것이었습니다. 욱하고 싶은 마음이 백 번 반복하고 욱하는 이유가 백 가지가 넘어도 다윗이 하나님 앞에서 간절히 사모한 것은, 하나님이 도우시고 인자하심으로 구원하시고 보호하셔서 자기가 사울 앞에서 욱하지 않는 것이었습니다. 다윗의 간절한 소원은 이 모든 것이 자기가 하는 일이 아니라 '주의 손으로 하시는 일'이라는 것을 증명하는 것이었습니다.

우리는 사무엘하 9장에서 다윗의 상에 앉아 있는 므비보셋을 만나게 됩니다. 므비보셋은 사울의 손자이고, 요나단의 아들입니다. 그런 그에게 다윗이 이렇게 이야기합니다. "또 너는 항상 내 상에서 떡을 먹을지니라 하니"(삼하 9:7).

세상이 머리를 흔들 때 우리는 분노할 수도 있고, 일시적으로 마음이 상할 수도 있습니다. 그렇지만 그것이 분노로 끝나지 않고 은혜로 끝나게 하시는 것은 하나님이 하시는 일입니다. 혼란의 광풍이 평화의 민트로 끝나게 하시는 것도 하나님의 은혜입니다. 그러므로 세상이 머리를 흔들 때, 우리는 삶을 통하여 주의 손이 하시는 일들만 자랑하고 살아가는 믿음의 사람이 되었으면 좋겠습니다.

은혜에 꽉 잡힌 인생

묵상하고 자유하기

내용을 읽고 아래의 물음에 대한 나의 생각을 정리해보세요.

Q. 분노가 가득한 세상, 분노할 수밖에 없는 세상 앞에서
나는 어떤 태도를 취하고 있나요?

은혜 미리보기

중요한 것은 의심하는 것이 아니라
그 의문을 해결하시고 치유하시는 하나님을 만나는 것

의문과 의심 가운데 찾아오셔서 평강을 선포하시고
믿음 있는 자로 살아가게 하시는 은혜가 축복이다

믿음 있는 자가 되어 다시 보지 않아도 흔들리지 않고
견고하게 든든히 서 있는 은혜로 살아가는
삶을 꿈꾸며 살라

만지고 싶은 마음, 보고 싶은 마음을
하나님이 치유하시고 복되게 하셔서 믿음으로
살아가되 평생을 믿는 자로 살아갈 수 있도록

도마처럼 자기 눈으로 손의 못 자국을 보고 옆구리에
손을 넣어봐야 믿어질 거라 고백하는 자들을
기다리시고 격려해 주시는 하나님의 사랑

믿는 자가 되라

요한복음 20장 25-27절

파리가 공중을 날아다닐 때마다 부산스러운 이유는 감각 때문입니다. 파리는 사람보다 예민한 감각을 가져서 0.1도의 작은 변화에도 민감한 반응을 보입니다. 그러니까 날아다니다가 0.1도라도 더 쾌적한 온도를 만나면 반응하다 보니 어지럽고 부산스럽게 살아갈 수밖에 없습니다. 그런가 하면 바닷속에 사는 참고래는 그 울음소리가 2만 킬로미터 떨어진 곳까지 전해진다고 합니다. 참고래가 동해에서 울면 칠레 앞바다에 있는 다른 고래들이 반응하며 생존을 해결합니다. 또한 바닷속에 사는 가리비는 조개이지만 눈을 200개나 달고 있습니다. 개는 탁월한 후각을 가지고 있고, 코끼리는 바닥에서 울리는 진동에 반등하며 살아갑니다.

그런데 사람은 소리에 반응하긴 하지만 자기가 들을 수 있는 소리

만 들으며 살아갑니다. 또 사람의 귀는 1초에 20번 이하로 진동하는
소리는 들리지 않습니다. 1초에 2만 번 이상 진동하는 소리도 들리
지 않는다고 합니다. 인간의 오감이라고 하는 것은 딱 그만큼입니다.

이렇듯 사람은 눈으로 모든 것을 보고 살아가는 것처럼 보이지만
1억 분의 35미터 이하도 보지 못하고, 1억 분의 75미터 이상의 파장
도 보지 못하는 세상을 살아갑니다. 처음부터 사람이라고 해서 모든
것을 다 보는 것은 아니었습니다.

우리는 본문에서 자기 눈으로 보기 전에는 믿지 못하겠다고 하는
한 사람을 만나게 됩니다. 개보다 조금 더 잘 보고 독수리보다 어두운
눈을 가진 한 인간의 연약함에 대하여, 그런 인간과 사랑으로 함께하
시는 하나님의 은혜에 대하여 말씀을 묵상해 봅시다.

의문과 의심은 치유와 회복이 필요하다

"다른 제자들이 그에게 이르되 우리가 주를 보았노라 하니 도마가
이르되 내가 그의 손의 못 자국을 보며 내 손가락을 그 못 자국에 넣
으며 내 손을 그 옆구리에 넣어 보지 않고는 믿지 아니하겠노라 하
니라"(요 20:25).

예수님의 열두 제자 중 디두모라고 하는 도마가 있습니다. 그는 부
활하신 주님이 안식 후 첫날 저녁에 부활하신 모습으로 찾아오셨을
때 그 자리에 있지 않았기에 주님을 만나지 못했습니다. 그때 그가

은혜에 꽉 잡힌 인생

어디에 있었는지 생각해 보지만 특별한 증거가 등장하지 않습니다.

그는 다른 제자들이 부활하신 주님을 만났다는 이야기를 듣고는, 자신은 예수님의 손에 난 못 자국에 손가락을 넣어보지 않고는 믿지 않겠다고 선언합니다. 그보다 조금 더 예쁜 말로 할 수도 있었겠지만, 십자가의 충격이 너무 커서 그런 것이라 생각하면 어느 정도 이해는 할 수 있을 것 같습니다.

이론상으로는 그도 믿어야 합니다. 주님이 부활하셨다는 말을 듣고 "역시 우리 주님이시다. 바다의 풍랑을 잠잠케 하실 때도, 오병이어의 기적을 만들어내실 때도 충분히 그럴 수 있는 분이라는 것을 알고 있었다"라며 큰소리를 쳐도 좋을 것 같은데 도마의 마음은 그렇지 않았습니다.

그는 예수님과 함께 사는 동안 착한 사람이었습니다. 싸운 적도 없습니다. 제자들이 하나는 우편에, 하나는 좌편에 앉겠다고 서로 다투는 시간에도 그는 침묵하는 사람이었습니다. 요한복음에서 여기 외에는 도마의 다른 이야기가 등장하지 않습니다. 그만큼 그는 말이 없는 사람이었고, 주님이 하시는 모든 일에 묵묵히 동의하고 살아간 착한 제자였습니다. 그러니까 기질적으로 의심이 많거나, 문제를 일으킬 만한 성격의 소유자는 아니라는 것입니다.

그는 예수님과 동행하며 말없이 주님이 하시는 모든 일에서 기적을 경험하고 은혜를 경험하며 살아온 것이 사실입니다. 주님이 세리 삭개오의 집에 들어가실 때 그 일에 대하여 토를 달아본 적이 없었습니다. 오병이어의 현장에서 주님이 사람들을 앉히시고 그 떡을 축사하시고 떼어 나누라고 하실 때 그 일에 관여해 본 적이 없었습니다. "이런 일은 있을 수 없습니다, 나사로가 살아나다니 저는 못 믿습니다, 물이 포도주가 되었다고 하시니 놀랍지만 제가 입으로 먹어보기 전에는 동의하지 못합니다"라고 말하지 않았습니다.

그러나 그는 연약함도 가지고 있었습니다. 그것은 보편적으로 누구나 가지고 있는 것이었습니다. 요한복음 11장에서 예수님이 병든 나사로를 고치시기 위하여 그의 집으로 가자고 하실 때, 도마는 우리도 주를 위하여 죽으러 가자고 했던 사람입니다. 조금은 엉뚱하기도 하지만, 악의는 없는 것처럼 보입니다. 또 요한복음 14장에서는 주께서 어디로 가시는지 알지를 못하는데 우리가 어떻게 알 수 있겠냐는, 조금은 어리석은 이야기를 한 정도가 전부입니다.

이렇게 도마에 대하여 장엄하게 설명하는 것은, 도마의 질문이 보편적인 인간이라면 누구나 할 수 있는 것임을 증명하기 위해서입니다. 누구나 의문을 가질 수 있습니다. 누구나 하나님이 하시는 일에 대하여 모든 것을 다 이해하고 받아들이고 살아가는 것은 아닙니다. 그렇다면 예수님이 이 정도의 의문을 품고 살아가는 것을 책망하실 이유가 없다는 말이 됩니다.

모세는 하나님의 이름을 물었습니다. 그가 "당신의 이름이 무엇입니까, 내 백성들이 당신의 이름이 무엇이냐고 물으면 나는 무엇이라고 해야 합니까"라고 했을 때, 하나님은 자기 이름을 엘로힘, 스스로

　　　　　　　　　　　　　　　　　　　은혜에 꽉 잡힌 인생

있는 자라고 가르쳐 주셨습니다. 또 기드온이 하나님의 섭리를 의심하고 부르심 앞에서 하나님의 능력을 점검하고 싶었던 것은, 사람이라면 누구나 할 수 있는 의문이기도 했습니다. 그는 하나님의 부르심 앞에서 간밤에 양털을 적셔 달라고 하기도 했고, 온 땅들은 다 이슬에 젖었는데 양털만 마르게 해달라고 했습니다. 그의 의심은 아무런 문제가 되지 않았습니다. 기드온의 의문을 치유하고 회복하기를 원하셨던 하나님은 양털을 적시기도 하시고, 마르게도 하셨습니다.

이처럼 하나님은 자기 백성들이 연약하여 가지는 의문에 대하여 책임을 물으신 적이 단 한 번도 없습니다. 사람들이 가지는 의문에 대하여 얼마든지 이해하시는 분이었습니다. 언제나 사람들이 가지고 있는 한계를 인정하시고 그들을 도와주기를 원하시는, 치유하고 회복하기를 원하시는 것이 하나님의 생각이었습니다.

그렇습니다. 하나님이 하시는 일들 가운데 어떤 것은 의문으로, 어떤 것은 의심으로 다가온다고 할지라도 의문과 의심으로 끝나지 않고 반드시 치유하고 회복하기를 원하시는 하나님을 만나게 되기를 바랍니다. 의문은 정당한 것입니다. 의심은 할 수 있습니다. 중요한 것은, 의문과 의심은 치유와 회복이 필요합니다. 이것을 방치하면 신앙생활에 영적인 암이 될 수도 있습니다.

평강을 주신 주님

"여드레를 지나서 제자들이 다시 집 안에 있을 때에 도마도 함께 있고 문들이 닫혔는데 예수께서 오사 가운데 서서 이르시되 너희에게 평강이 있을지어다 하시고"(요 20:26).

도마의 의심을 그냥 내버려둘 수 없었던 하나님이 그에게 찾아오십니다. 그것이 하나님의 사랑이었습니다. 자기 백성들의 의심을 이해하고 받아주시지만, 평생 그렇게 살아가도록 방치하지 않는 것이 주님의 사랑이었습니다. 이렇듯 의심은 반드시 치유되어야 하고 의문은 반드시 해결되어야 합니다.

주님은 사람들을 치유하고 회복하시는 일에 언제나 탁월한 전문성을 가지셨습니다. 주님은 여드레가 지나서 오셨습니다. 도마가 의심할 때 혼자서 충분히 생각할 시간을 주셨습니다. 스스로 해결할 만한 충분한 기회를 주셨습니다. 그 후에 찾아오십니다. 그리고 평강을 선포하십니다.

재미있는 사실은, 그날은 부활하신 주님이 제자들에게 나타나신 날로부터 여드레가 지난날이라고 했는데, 안식 후 첫날에 부활하신 주님이 두 번째로 제자들에게 찾아오신 날입니다. 그러니까 이날은 안식 후 첫날로부터 일주일이 지난 후였습니다. 우리식으로 계산하면, 지난주에 부활하신 주님이 그다음 주일에 찾아오신 것이라고 할 수 있습니다.

은혜에 꽉 잡힌 인생

안식 후 첫날에 제자들이 모였습니다. 그리고 안식 후 첫날이 지난 주일에도 제자들은 모여 있습니다. 그러니까 이날은 부활하신 주님을 만난 제자들이 공식적으로 모인 두 번째 주일입니다. 바로 이날이 주일이 시작된 첫 번째 날입니다.

부활하신 주님은 주일마다 제자들이 모여서 예수 그리스도의 부활을 기념하는 것을 도와주기를 원하셨습니다. 주중에 도마를 만나서 의심을 해결해 주실 수도 있었습니다. 그런데 주님은 다음 주일까지 기다리셨다가 제자들이 주일에 모였을 때 찾아오셔서 오고 오는 모든 세상 속에서 이날이 주의 날임을 선포하시고 예수 그리스도의 부활의 증인이 되기를 원하셨습니다.

예수님이 제자들에게 찾아오셔서 선언하신 것은 평강입니다. 주님은 제자들이 주일마다 모여서 하나님의 평강을 경험하기를 원하셨습니다.

유대인들은 안식일마다 모여서 회개하기를 원했습니다. 그리고 무엇이 죄인지 물어보라고 했습니다. 나뭇가지 하나를 들었는지 묻고 불을 피웠는지 묻고 자리를 들고 걸었는지 물어야 했습니다. 또 안식일에 밥을 먹어도 죄가 되는 세상이었습니다. 그런데 예수님은 제자들에게 찾아오셔서 평강을 선언하셨습니다.

이것은 이날에 안식일처럼 살지 말라는 말씀입니다. 그분은 십자가에서 죽으시고 부활하심으로 모든 율법을 완성하셨습니다. 이를 통해 더 이상 죄와 사망의 법 아래 있지 않고 생명의 성령의 법을 따라 평강을 경험하며 살라고 하십니다.

그렇습니다. 우리도 거룩한 주일에 생명의 성령의 법으로 가득 채워가기를 소망합니다. 거룩한 주일은 생명의 성령의 법이 주인이 되어야 합니다. 부활 후 도마에게 찾아오신 주님의 요구는 회개가 아니라 평강이었습니다. 그날에 선포하신 평강이 우리의 삶 속에 있기를 축복합니다.

믿음 없는 자가 되지 말고

"도마에게 이르시되 네 손가락을 이리 내밀어 내 손을 보고 네 손을 내밀어 내 옆구리에 넣어 보라 그리하여 믿음 없는 자가 되지 말고 믿는 자가 되라"(요 20:27).

주님은 두 번째 주일에 도마를 만나주시고, 그에게 손을 내밀어 자기 손에 넣어보라고 하시고, 손을 내밀어 자기 옆구리에 넣어보라고 하십니다. 그리고 이제는 믿음 없는 자가 되지 말고 믿음 있는 자가 되라고 하십니다. 중요한 것은 도마가 다시는 예수님께 의문의 손을 내밀지 않았다는 사실입니다.

도마가 주님의 손에 난 못 자국을 보고 싶었던 것은 연약함이기도 하지만, 열정이기도 했습니다. 주님은 부활 후 첫 번째 주일 저녁에 제자들에게 나타나셔서 손을 보여주셨습니다. "이 말씀을 하시고 손과 옆구리를 보이시니 제자들이 주를 보고 기뻐하더라"(요 20:20). 주님은 이미 제자들에게 손에 난 못 자국과 옆구리에 있는 창 자국을

은혜에 꽉 잡힌 인생

보여주셨습니다. 그것은 주님이 원하신 것이었습니다.

도마는 모두가 본 것을 보기를 원했습니다. 그리고 주님은 도마의 소원을 들으심으로 보고자 하는 자에게 자기를 보여주셨습니다. 주님의 목적은 숨기는 것이 아니었습니다. 도마뿐만 아니라 다른 500여 명의 성도들에게도 자기 자신을 보여주셨습니다. 만삭되지 못하고 난 사람 같은 바울에게도 자신을 보여주셨습니다. 그렇기에 보는 것, 보여 달라고 하는 것은 문제가 아니었습니다.

도마의 이야기에서 소중한 것은 그가 그 후로 다시는 보여 달라고 하지 않았다는 것입니다. 그는 한 번 보았습니다. 확인했습니다. 확신이 생겼습니다. 그리고 그날 이후로 또 보고 싶은 마음을 가다듬고 믿음으로 살았다는 것이 참으로 중요합니다.

우리는 의문이 생길 때마다 보여 달라고 할 수 없습니다. 의심이 생길 때마다 다시 보여주시기를 바라며 살 수는 없습니다. 주님은 도마를 향하여 손을 내밀어 보라 하시고 손을 그 옆구리에 넣어서 만져보라고 하셨지만, 그가 연약할 때마다 찾아오셔서 만져 보고 넣어 보라고 하지는 않으셨습니다. 주님은 도마를 향하여 이제는 믿음 없는 자가 되지 말고 믿음 있는 자가 되라고 말씀하셨습니다.

지금도 여전히 의심과 의문으로 오늘을 살아가는 사람들이 있습니다. 누군가는 아직 믿음이 자라지 못하고 확신을 가져본 적이 없을 수도 있습니다. 또 도마처럼 믿음이 연약한 자리에 있을 수도 있습니다.

하나님은 그런 그들이 소망할 때 은혜의 증거들을 통하여 기적 같은 일들을 보여주실 수 있습니다. 그렇지만 하나님은 도마를 향해, 그리고 또다시 의심에 빠지고 의문을 가진 자들을 향해 이제 믿음 있는 자가 되라고 하십니다. 이제는 믿음 있는 자로 살라고 하십니다. 300번째, 500번째 주일에 부활하신 주님을 예배하는 자로 살고 있다면 우리는 믿음 위에 든든히 서서 흔들리지 말아야 합니다.

오늘도 우리는 도마처럼 살 수 있습니다. 그러나 평생 반복하며 살아갈 수는 없습니다. 이제는 말씀을 통하여 믿음 있는 자로 살아가게 되기를 소망합니다.

은혜에 꽉 잡힌 인생

묵상하고 자유하기

내용을 읽고 아래의 물음에 대한 나의 생각을 정리해보세요.

Q. 믿음은 무엇이라고 생각하나요?

국제제자훈련원은 건강한 교회를 꿈꾸는 목회의 동반자로서 제자 삼는 사역을 중심으로
성경적 목회 모델을 제시함으로 세계 교회를 섬기는 전문 사역 기관입니다.

은혜에 꽉 잡힌 인생

초판 1쇄 인쇄 2024년 3월 11일
초판 1쇄 발행 2024년 3월 22일

지은이 박명배

펴낸이 오정현
펴낸곳 국제제자훈련원
등록번호 제2013-000170호(2013년 9월 25일)
주소 서울시 서초구 효령로68길 98(서초동)
전화 02) 3489-4300 **팩스** 02) 3489-4329
이메일 dmipress@sarang.org

ISBN 978-89-5731-895-9 03230